高等院校通识教育系列教材

U0837708

大学体育教程

姜 剑 刘智伟 主编
王军堂 金慧惠 邱志群 朱少刚 郑 伟 副主编

電子工業出版社
Publishing House of Electronics Industry
北京 · BEIJING

内 容 简 介

学校体育是实现立德树人根本任务、提升学生综合素质的基础性工程，是加快推进教育现代化、建设教育强国和体育强国的重要工作，对于弘扬社会主义核心价值观，培养学生爱国主义、集体主义、社会主义精神和奋发向上、顽强拼搏的意志品质，实现以体育智、以体育心具有独特功能。

本书是结合普通高等院校体育课程教育教学特点编写的，共十二个单元，分别是大学体育与体育锻炼、体育锻炼与健康、乒乓球、羽毛球、足球、篮球、排球、网球、田径、游泳、健美操与体育舞蹈、余暇体育。

本书可作为普通高等院校体育课程的公共基础课教材，也可供体育爱好者作为参考用书。

图书在版编目（CIP）数据

大学体育教程 / 姜剑，刘智伟主编. —北京：电子工业出版社，2022.8
ISBN 978-7-121-44214-8

Ⅰ. ①大… Ⅱ. ①姜… ②刘… Ⅲ. ①体育－高等学校－教材 Ⅳ. ①G807.4

中国版本图书馆 CIP 数据核字（2022）第 160273 号

责任编辑：王艳萍
印　　刷：天津画中画印刷有限公司
装　　订：天津画中画印刷有限公司
出版发行：电子工业出版社
　　　　　北京市海淀区万寿路 173 信箱　邮编 100036
开　　本：787×1 092　1/16　印张：12.75　字数：326.4 千字
版　　次：2022 年 8 月第 1 版
印　　次：2024 年 8 月第 3 次印刷
定　　价：45.00 元

凡所购买电子工业出版社图书有缺损问题，请向购买书店调换。若书店售缺，请与本社发行部联系，联系及邮购电话：（010）88254888，88258888。

质量投诉请发邮件至 zlts@phei.com.cn，盗版侵权举报请发邮件至 dbqq@phei.com.cn。

本书咨询联系方式：wangyp@phei.com.cn，（010）88254574。

前　　言

党的二十大报告指出，要“广泛开展全民健身活动，加强青少年体育工作，促进群众体育和竞技体育全面发展，加快建设体育强国”。

为深入贯彻并落实党的二十大精神，坚持全面准确、深入理解内涵，教材要切实做到大教育、大体育、大健康、大科技的全面融合：重视思想教育，用专业运动员的拼搏精神和传统文化两个方面体现课程思政，增强学生的民族荣誉感，坚定文化自信。

随着我国教育改革步伐的加快，因材施教已成为当前教学改革和课程建设的重要内容之一。体育已不仅是一门普通的教育学科，更担负着培养德、智、体、美、劳全面发展的高级应用型人才的重任。

本书的内容是在充分考虑当今大学生身心健康的需要，以及大学生实际情况的基础上精心选取的。理论内容部分较精练，简要地介绍了与大学生相关的体育与健康方面的知识；技能部分内容做了相对详细的介绍，不求面面俱到，但求重点突出；书中还增加了以往大学体育教材中没有而大学生很感兴趣的内容，如瑜伽、攀岩等。

本书在内容的选择上力求丰富、系统且易学易练。本书遵循健身性与文化性相结合、选择性与实效性相结合、科学性与可接受性相结合的原则，充分反映了《国家学生体质健康标准》的内容和要求，符合当代大学生全面发展的需要。

本书由赣南科技学院姜剑、刘智伟担任主编，王军堂、金慧惠、邱志群、朱少刚、郑伟担任副主编。

本书在编写过程中参考了相关资料，谨向有关作者表示衷心感谢！由于编写人员水平有限，书中难免存在疏漏之处，敬请广大读者批评指正，以便进一步修改完善。

编　者

目　　录

第一篇　基础篇

第二篇　球类篇

第三篇 实践篇

第一篇　基础篇

思政元素：

经过“十三五”时期的持续努力，我国体育事业取得了长足进步。基于“十三五”期间的发展基础，党的十九届五中全会做出了到 2035 年全面建成体育强国的战略部署。《中华人民共和国国民经济和社会发展第十四个五年规划和 2035 年远景目标纲要》就建设体育强国做出具体安排。

体育强国建设工作的具体内容为：广泛开展全民健身运动，增强人民体质。推动健康关口前移，深化体教融合、体卫融合、体旅融合。完善全民健身公共服务体系，推进社会体育场地设施建设和学校场馆开放共享，提高健身步道等便民健身场所覆盖面，因地制宜发展体育公园，支持在不妨碍防洪安全前提下利用河滩地等建设公共体育设施。保障学校体育课和课外锻炼时间，以青少年为重点开展国民体质监测和干预。坚持文化教育和专业训练并重，加强竞技体育后备人才培养，提升重点项目竞技水平，巩固传统项目优势，探索中国特色足球篮球排球发展路径，持续推进冰雪运动发展，发展具有世界影响力的职业体育赛事。扩大体育消费，发展健身休闲、户外运动等体育产业。办好北京冬奥会、冬残奥会及杭州亚运会等。

《中华人民共和国国民经济和社会发展第十四个五年规划和 2035 年远景目标纲要》的出台，进一步促进了我国近现代体育运动的发展。

单元一　大学体育与体育锻炼

学习目标：

1. 了解体育与健康的相关概念。
2. 了解学习大学体育的目的、任务。
3. 掌握体育锻炼的基本原则、方法及作用。

素质目标：

在运动中增强体质、享受乐趣，使身体形态、心肺耐力、运动素质等方面达到《国家学生体质健康标准》测试要求。同时，培养学生提升身体素质和终身体育的意识。

在人类社会发展的过程中，人们一方面将自己的身体活动作用于自然界外部，以获得维持生存的物质生活资料；另一方面将自己的身体活动作用于自身，以促进自身的生存和发展，提高生活质量。人们把后一种作用于人类自身的活动称为“运动”，即传统意义上的体育运动。

专题一　大学体育概述

一、体育的概念及其功能

（一）体育的意义

体育，亦称体育运动。虽然体育有着悠久的历史，然而“体育”一词却出现得较晚。在其出现前，世界各国对体育这一活动过程的称谓各不相同。

现代体育的教育过程主要是通过学校完成的，大学生活几乎是走向工作前的最后一站。所以，大学教育中的体育同其他学科一样极其重要。随着社会的发展，大学体育的改革也在不断深入。新时期、新形势又赋予了大学体育新的任务，促使大学体育的目的与任务更为具体，更为完善。

（二）体育的基本概念

“体育”是一个外来词汇，我们需要结合体育的初始含义并按照确定体育概念的三条原则（科学性原则、与国际用语相一致原则、考虑民族习惯原则）来阐述“体育”的基本概念。

当今世界上许多知名学者都试图从体育的育人机制角度探求其概念。有的学者认为：“体育是完整的教育过程中不可缺少的部分，这个领域的发展目的是以身体活动作为媒介去培养在身体、精神、情操等方面与社会相适应的公民。”有的学者认为：“体育是整个教育过程的一个方面，它是通过一定的活动，使身体器官的适应能力、神经肌肉的支配能力和情绪的控制能力得到发展。”《大英百科全书》中关于“体育”一词的解释是：“体育是关于人体构造、身体发展的教育。它包括人体生理功能、力学原理及其运用的研究。”

从以上对体育所下的定义中，可以看出其共同之处。首先，体育是培养和完善人的一种有意识的活动或过程；其次，体育所借助的手段一般被称为身体活动或运动；最后，体育不仅是通过身体，还必须是针对身体所进行的教育。“身体”一词在这里已远远超出了生物学的限定，其含义用辩证唯物主义来解释，应该是精神和人体相互作用、相互依赖和交互影响的统一整体。

依据上述分析，我们对“体育”这一概念做出如下定义：体育是以身体活动为媒介，以谋求个体身心健康、全面发展为直接目的，并以培养完善的社会公民为终极目标的一种社会文化现象或教育过程。

（三）体育的功能

体育的功能是指体育以其自身特点作用于人和社会所产生的良好影响和效益。体育的功能是多方面的，归纳起来主要有以下几个方面。

1. 教育功能

体育的教育功能具体表现在以下方面。

（1）改造经验。人类生活需要多方面的经验，经验的发展和充实代表生活能力的提高。而人的经验绝不仅限于读、写、说、计算。就品格经验而言，不懂得公平竞争，不服从法规制度，不信守诺言，不具备合作习惯等社会品质的人，无疑将被社会群体所排斥。就动作经验而言，简单的如坐立行走、举手投足，复杂的如对距离、速度、时间的判断，应付突发事件的能力，以及维持有机体正常功能的能力等，种种动作经验只有通过实践才能获得。

上述都是一个合格公民所应具备的素质，而体育是对人类进行综合性教育的一种有效途径，它可以使个人的心智、情绪、动作经验、行为品性等方面，在以身体活动为媒介的体育实践活动中得到发展。

（2）适应能力。体育能帮助个体适应生活环境。虽然不同的人需要不同的适应能力，但在今天的社会里，个人的适应能力应该是全面的，包括身体的、心理的和社会的，缺少任何一项都无法获得真正的幸福。

（3）改变行为。体育活动所引起的经验改造和适应能力的发展，可以进一步引起行为的变化。在体育活动中，凡是合乎社会要求的行为，都会得到社会的认可和接受而日益加强；反之，就会受到阻碍。这就可以使每个人的行为趋向于符合社会道德准则和行为规范的要求。

2. 健身娱乐功能

人体以骨骼为“框架”，以韧带为“铰链”，并以附着在骨骼上的肌肉为“动力”，进行各式各样的运动。善于利用骨骼可促进其发展；反之，则阻碍它的发展和完善。体育的一个重要目标正是教会人们去合理有效地利用、保护和促进身体发展，它是一种利用身体而又去完善身体的活动过程。

要想度过健康快乐的一生，除了要进行必要的身体锻炼，还需进行一定的身体娱乐活动。

现代社会在时间和营养方面，为人类的身体娱乐活动提供了越来越优越的条件。以身体活动为主要媒介的身体娱乐活动具有“双重功效”，既健身，又悦心。

3. 培养竞争意识功能

人们的社会生活如同在竞技场上参加比赛，大到与自然竞争，小到与对手竞争，无一不是在竞争中不断地寻求完善自我和超越自我。参与竞争的人，必须创造条件充实自己。无论是观摩还是参赛，运动场无疑为人们在生活中即将发生的竞争提供了极佳的预演场所。许多哲学家早就把运动场当作社会的一个缩影，运动场本身就是一个特殊的社会环境。依据迁移原则，人们在运动场上所养成的良好品性和行为准则，可以迁移到日常行为模式之中而成为受社会认同接纳的因素。如同运动场上必有胜负一样，人们在社会生活中既有得意之时，也有失意之处。胜利者固然值得敬佩，表现出色的失败者同样应受人尊敬。胜不骄、败不馁，奋发向上，顽强拼搏等绝不仅仅是运动员所独有的品质，社会上的每个成员都应具备。

体育除具备上述主要功能外，还有促进政治、经济发展，传递人类文化等功能。

二、大学体育的目的、任务与途径

（一）大学体育的目的

大学体育的目的是指在一定时期内，大学体育实践所要达到的预期结果。它决定着大学体育的方向和过程，是评估大学体育开展情况的重要依据，对大学体育工作的开展起着导向、控制和激励的作用。根据目标体系结构理论，大学体育的目的可分为条件目的、过程目的和效果目的三个方面。衡量大学体育目的完成情况一般以效果目的为标准。所以，我们这里所说的大学体育的目的，主要是指大学体育的效果目的，即大学体育的总目的。

根据现代社会发展和我国学校教育事业发展的需求，以及大学生身心发展的年龄特征，大学体育的目的在于增强大学生的体质，促进大学生身心健康，培养大学生的终身体育意识、能力和习惯及良好的思想品质。

（二）大学体育的任务

1. 增强大学生体质，增进大学生身体健康

增强体质、增进健康是我国高校体育的核心任务。这充分体现了当代大学生身心发展的基本要求，也是体育本质功能的反映。

大学生正处在生命活动最旺盛的青年时期。大学阶段是身心发展的关键时期，在这一时期进行体育健康教育，可促使大学生遵守合理的生活制度，重视营养卫生和心理卫生。大学生应积极参与丰富的文化活动并科学地进行体育锻炼，促进自身正常的生长发育和内脏功能的发育，塑造健康体格，提高身体素质和运动能力，以增强自身对环境的适应能力和对疾病的抵抗能力。

2. 使大学生掌握体育基本知识，学会科学锻炼的方法，养成自觉锻炼的习惯

为了培养体育与健康的新观念，掌握体育与健康的基本规律，充分调动参加体育锻炼的

积极性，提高增进健康的实效性，大学生必须学习体育学和健康学的基本知识，掌握主要运动项目的科学锻炼方法和基本技术，并逐步养成自觉锻炼身体的习惯。

3. 培养良好的思想品德和意志，促进大学生个性完善和发展

高校体育不仅要育“体”，而且要育“心”。高等学校体育教育，必须根据体育运动自身的特点，通过各种组织形式（体育课程、课外活动、课余运动训练及体育竞赛等），对学生进行思想品德和意志品质教育。

4. 提高大学生运动技术水平，为国家培养体育后备人才

各高等学校应在广泛开展群众性体育活动的基础上，对部分体育基础较好并有一定专项运动才能的大学生进行有计划的课余运动训练，充分利用高校有利条件和大学生体力与智力上的优势，按照教育和体育固有规律，坚持系统科学训练和竞技体育教育，不断提高大学生运动技术水平。这样既可以进一步推动大学体育活动的开展，又能丰富校园文化生活，为社会输送全民健身活动骨干力量，还可为国家培养竞技运动后备人才。

上述各项任务，各有侧重又相互联系，要做到全面落实，不能偏废，其措施要围绕增强体质、增进健康这一核心任务来安排。

（三）实现大学体育的目的与任务的途径

我国《学校体育工作条例》中规定，学校体育工作是指体育课教学、课外体育活动、课余体育训练和体育竞赛。这四个方面也是实现我国大学体育的目的与任务的基本途径。

专题二　体育锻炼基础

体育锻炼是人类特有的一种社会行为方式，是参加人数较多的社会文化活动，它与体育教学、运动训练、体育竞赛一样，是实现我国体育的目的、任务的基本途径。随着《全民健身计划（2021—2025 年）》的全面实施和社会对体育需求的不断增长，科学地进行体育锻炼已成为人们的共识。

一、体育锻炼的意义

（一）意义

体育锻炼是人们运用各种身体练习方法，并结合自然力和卫生因素，以增进健康、增强体质、调节精神、丰富文化生活为目的的身体活动。它以健身为目的，通过身体活动来实现，在内容选择和方法应用方面遵循科学规律。同时在整个锻炼过程中，只有人体承受一定的运动负荷，才能确实达到增强体质的目的，改善自身的自然属性和社会属性，陶冶情操。

（二）体育锻炼与体育教学、竞技体育的区别

体育锻炼与体育教学、竞技体育都隶属于体育的范畴，它们之间相互联系、相互渗透，虽有共同之处，但因各自主要的目的、对象、组织形式、内容、方法等存在不同，最终形成的结果也就不同。

1. 体育锻炼

体育锻炼以强身健体为目的，各年龄层次的人均可参加，多采用反复练习的方法。其内容广泛，具有较大的选择性；组织形式灵活多样，不受形式和时间的限制，无论是早晨、课间或业余时间，都可以以个人或小团体的形式进行活动；运动负荷不追求极限，只需保持在健身、有益、适宜的水平上；用自我测评的手段，以客观指标为标准进行效果的评定。

2. 体育教学

体育教学以培养学生从事体育运动、体育锻炼、娱乐体育和体育观赏的实践能力为主，以教学班形式组织教学，学习和掌握体育基础知识、体育运动的技术、锻炼身体的方法和手段，以拟定的教学大纲的评分标准进行平时和学期考核。

3. 竞技体育

竞技体育是以运动技术训练为主要内容，以提高运动技术水平和运动成绩为目的的体育运动。竞技体育项目具有竞技、健身、娱乐等多种属性，尽管在体育锻炼过程中也能反映出这些属性，但以提高运动水平和创造优异成绩为前提的竞技运动，参加的人群必定是一些高水平的运动员，内容为选定的比赛项目，并在教练员指导下，严格进行以提高运动成绩为目的的大强度、大负荷训练。运动员要通过参加竞赛确定成绩，而且该成绩必须被社会乃至世界承认。

二、体育锻炼的作用

（一）体育锻炼对呼吸系统的影响

1. 增强呼吸肌

人体内一切活动所需要的能量，均来源于体内营养物质的氧化过程。人体借助不停的呼吸运动，不断地吸入氧气，排出二氧化碳。在体育锻炼时，为满足人体各组织所需要的氧气量，既要加大呼吸深度，又要加快呼吸频率，这样就使呼吸肌得到锻炼，使力量和耐力得到增强，因而呼吸有力，胸围增大，呼吸差增大。一般人的呼吸差（指尽力吸气和呼气的胸围差）只有5～8厘米，而经常锻炼的人的呼吸差可达8～16厘米，肺内可容纳的空气越多，运动时进行的气体交换就越顺利和充分。

2. 增大肺活量

尽全力吸气后，再尽全力呼出的气体量称为肺活量。其与年龄、性别、身高、体重等因

素有关。我国健康成年男性的肺活量约为 3500～4000 毫升，成年女性的肺活量约为 2500～3000 毫升，高水平运动员可达到 5000 毫升以上。

肺活量反映了肺的储备能力和适应能力，经常参加体育锻炼，能使肺活量增大。安静状态下，人体中只有 10%的肺泡在参与气体交换，而运动时大部分肺泡都在参与气体交换，运动使肺泡增大且富有弹性。长期从事体育锻炼的人的肺活量，比不锻炼人的要大 20%左右。

3. 增大肺通气量

肺通气量是指一分钟内出入肺的气体量。最大摄氧量是指一分钟内人体运输和利用氧的最大能力。

经常从事体育锻炼，可使肺通气量增大，每分钟可达 80～100 升或更多，练长跑者的肺通气量可达 180～200 升。由于呼吸肌力量得到增强，能加大呼吸深度，使每分钟呼吸次数减少，一般成人安静时的呼吸次数为每分钟 12～18 次，而经常锻炼者可减少到每分钟 8～12 次。深而缓的呼吸会对人体产生很多积极作用：在每次呼吸后，呼吸肌有较长的休息时间，因而呼吸频率变慢，表现为人不易疲劳、能承受更大的负荷量。

（二）体育锻炼对心血管系统的影响

1. 增大心脏体积

进行体育锻炼时，由于肌肉的紧张活动、能量物质消耗的增强和代谢物的增多，心脏的工作量增加，使心脏的容积和重量都增大，导致心脏增大（称为“运动员心脏”），使心脏具有更大的收缩力，这是机体适应机能需要的反应。研究表明，运动员训练水平越高，这种变化就越明显。

2. 增加每搏输出量和心输出量

通常以心脏每搏动一次，左心室压入主动脉的血量为每搏输出量。人体在安静状态下，每搏输出量约为 70 毫升。左心室每分钟泵出的血量称为心输出量。

经常锻炼能增大心脏容量，提高心力储备。据测试，正常人的心脏容量约为 765～785 毫升，而运动员的可达 1015～1027 毫升。运动员由于其心脏容量大，充血量多，心肌收缩有力，从而使每搏输出量从一般人的 113 毫升增加到 150～200 毫升，心输出量由安静时的 4.5～5.5 升/分钟增加到 40～47 升/分钟，有利于人体各系统器官的供血和机能的提高。

3. 增大心脏工作潜力，加快恢复

经常参加体育锻炼可使心脏功能增强的另一表现，就是安静时脉搏频率低，一般人约为 70～80 次/分钟，经常从事体育锻炼者约为 50～60 次/分钟，而优秀运动员约为 36～40 次/分钟。脉搏频率低表示心脏有足够的休息时间，不易产生疲劳。心脏的调节机能也得到提高，表现在：运动开始后，能迅速提高运动员心血管系统的功能，以适应运动的需要；在进行激烈运动时，可发挥心血管系统的巨大潜力，充分动员心力储备；运动结束后，能很快恢复到安静时的水平。

4. 有利于降低血压

经常进行体育锻炼，可使中枢神经系统对血液循环器官的调节机能得到改善；减小了血液流动的外周阻力，从而使血压降低。同时经常进行体育锻炼，还能加快静脉血的回流，改善血液循环功能。

（三）体育锻炼对运动系统的影响

1. 对骨骼的影响

骨骼中所含的化学成分，使其具有既坚硬又有弹性的特点。人体骨骼的功能主要是：①构成人体的支架，支持人体的软组织和承担身体局部及全身的重量。②骨与骨之间形成骨连结（关节），成为人体运动的杠杆。③具有保护功能，如颅骨保护脑，胸骨保护心、肺等。另外，骨骼还有造血及储备钙、磷等功能。体育锻炼能促进机体的生长发育，提高运动器官的功能，使骨密质增厚。长期坚持体育锻炼的人，骨密质可增厚1.5～8毫米；青少年经常参加体育锻炼，可促进骨骼增长。

2. 对肌肉的影响

肌肉组织的基本功能是收缩和放松。人体的各种活动就是肌肉以各种方式联合收缩、放松的结果。因此，没有肌肉的收缩和放松，人体就不可能产生任何主动运动。另外，每块肌肉（骨骼肌）都是由许多肌纤维、丰富的血管和神经等构成的。因此，经常参加体育锻炼对肌肉组织能产生积极的影响。坚持体育锻炼，可以使肌纤维变粗，肌肉的体积增大，使肌肉显得发达、结实、健壮、匀称而有力。正常人的肌肉约占体重的30%～40%，而经常参加体育锻炼的人，肌肉可占体重的45%～55%。

3. 对关节的影响

体育锻炼可增强关节周围肌肉的力量，承受更大的负荷；使肌腱和韧带增粗，加大关节稳定性。同时，体育锻炼又可加大关节囊周围肌腱、韧带和肌肉的伸展性，使关节运动幅度加大，提高了关节的灵活性。

（四）体育锻炼对神经系统的影响

从简单到复杂活动的完成，实际上是人体各器官、系统相互协调进行复杂活动的结果，而这种复杂的功能活动又依赖于神经系统的支配、协调。

经常参加体育锻炼的人，由于心血管系统和呼吸系统功能得到增强，可以使大脑得到更多的血液、氧气，从而促进脑细胞的生长发育。在锻炼时，神经系统对肌肉动作的控制及对内脏器官的协调比平时要复杂得多，因此，神经细胞的工作强度、兴奋抑制转换的灵活性及均衡性都能得到提高。实践证明：经常参加锻炼的人，一般表现出头脑灵活、反应快、思维敏锐、动作灵敏、工作效率高等特征。尤其是在一定时间的脑力劳动后，进行适当的体育活动，能加快血液向心脏回流，使心脏有更多的血液向大脑输送，满足大脑对氧气和营养物质的需求，消除脑力劳动产生的疲劳，具有积极的休息作用。

三、体育锻炼的基本原则

（一）自觉、积极性原则

自觉、积极性原则，又称主动原则。参加体育锻炼的主体是人本身，也就是体育锻炼者。由于体育锻炼是一种业余的行为，客观的制约性和监督性都不强，如果锻炼者本身不是自觉、自愿地进行体育锻炼，那就很难实施锻炼计划或取得理想的锻炼效果。因此，锻炼者必须明确锻炼的真正目的和意义，不断强化动机，提高对体育锻炼在现代生活中的地位与价值的认识，学习和掌握科学锻炼身体的新知识和新方法，以求提高锻炼效果。体育锻炼是一个自我锻炼、自我完善、不断克服自身惰性和战胜各种困难的过程，应努力克服自身惰性，充分发挥主观能动性，把体育锻炼作为自觉、自愿、积极和主动的行为，并积极地进行身体练习。同时，要想达到预期的锻炼效果，除了要明确目的，还应该在体育锻炼中发挥坚持到底的精神，选择能吸引自己或感兴趣的活动内容，产生锻炼的欲望，并使这种自觉、积极的锻炼习惯坚持下去，成为自己生活中的一种必需和习惯。

（二）适量性原则

在体育锻炼中，锻炼的效果在很大程度上取决于运动负荷。运动负荷是指运动强度、运动时间和运动密度的总和，但在安排运动负荷的过程中做到适量是至关重要的。所谓适量性原则是指要恰当地安排生理和心理的负荷量，使之符合人体的实际接受能力。适量性原则要求锻炼者在选定锻炼内容和方法时，要从运动强度、运动时间和运动密度等多方面来考虑。体育锻炼的负荷量无论是强度、时间还是密度都要因人、因时而异，应根据自身的实际情况安排运动负荷。即使是同一个人，在不同的机能状态下，对运动负荷的承受能力也是不同的。在体育锻炼过程中，运动状态时常受身体状况、情绪、学习和工作的紧张度、脑力或体力消耗程度等各方面的影响，因此，要相应做好运动负荷的调整。运动强度的安排上应根据个人锻炼的目的、任务而定，尽量保持适中。若强度弱了，不能引起机体效能的反应，达不到健身的效果；而强度过大，超过了机体所能承受的负荷，则非但不能达到锻炼的目的，还有害健康。运动负荷要随着机体适应能力的提高，由小到大逐步增加，逐渐给予肌体新的刺激，产生体育锻炼效应。

（三）循序渐进性原则

循序渐进性原则要求人们遵循人体发展和机体适应外界环境的基本规律，以及超量恢复的原理进行锻炼。人体对内外环境变化的适应是一个缓慢、由量变到质变的过程，不能设想通过一次或几次的锻炼就能达到目的，“欲速则不达”。体育锻炼应该有顺序、合理地进行。开始锻炼时要有计划、有步骤地逐步提高要求，不能急于求成，也不能总是采用一个负荷，原地踏步。要给机体一个准备、适应的过程，应根据每个锻炼者各自的情况逐渐加大运动负荷，遵循“适应”—“提高”—“再提高”的锻炼规律，使机体通过锻炼保持不断增强的趋势。比如，跑步应先以较慢的速度开始，然后逐渐加快速度；距离先短一些，待跑步能力提高了再加长一些；时间和次数随锻炼水平的提高而适量增加。锻炼的内容和要求也应由简到繁、由易到难、由低到高，逐步加大难度。

（四）经常性原则

体育锻炼贵在坚持，人类是通过不断积累才不断取得进步的。每一次锻炼使机体受刺激产生一定的作用痕迹，不间断的锻炼给予的刺激形成了一种痕迹的积累，这种痕迹的积累能使机体逐步适应，体质才会不断增强。这说明体育锻炼对人体的积极作用是不可能在短时间内就取得成效的，如果只锻炼 1～2 次或者断断续续地锻炼，间隔的时间一长，前一次的锻炼痕迹差不多已经消失，那么后一次锻炼的痕迹积累就小了，这样的锻炼是不可能达到预期效果的。同时，人体在体育锻炼过程中，无论是运动器官还是内脏器官都有一个适应过程，这个过程是通过中枢神经系统的调节，使机体从不适应到逐步适应的。这种适应能力的提高，也预示着人体机能和体质的改变与增强，以及基本活动能力的提高。因此，人们要想增强体质，就必须经常锻炼身体，做到持之以恒，使体育锻炼成为每个人日常生活中必不可少的重要内容。

（五）全面性原则

人体是一个整体，各器官系统是相互关联、相互制约的。体育锻炼应能促进整个人的形态、机能、各器官、系统的功能得到全面协调发展，使人体的各种素质和基本活动能力得到均衡发展。如果较长时间只注重某一部分的锻炼，而忽略其他部位，就会导致身体发展的失衡。因此，在体育锻炼过程中既要根据自身的身体发展状况、个人的职业特点，选择适宜的锻炼内容，有所侧重地改善自己的薄弱环节，又要根据协调和全面发展的原则，有意识地选择一些锻炼其他部位的内容，使机体的各个方面得到均衡发展。在选择锻炼的项目和内容的过程中，应内外结合，不仅注重动作的准确、优美，还要注重体内组织器官和系统的反应。锻炼项目动作各异，有较大的局限性，对身体发展的作用也不同，应选择形式多样的项目内容进行练习，这样既可避免练习者因单一的练习内容而感到乏味，又可使身体得到全方位的发展。

四、体育锻炼的方法

进行体育锻炼的方法很多，每个锻炼者可根据自己的情况有目的地、科学地选择 1～2 种方法运用于体育锻炼中。下面介绍几种体育锻炼方法。

（一）健身锻炼法

健身锻炼的目的主要是增强人体心肺功能，从而达到强身健体、增强体质的效果。而提高心肺功能必须进行长时间有节奏的肌肉活动，即耐力的训练。进行耐力训练，可提高人体长时间工作的能力。从生理角度看，按运动时机体供能的特点，耐力可分为有氧耐力和无氧耐力两种。健身锻炼属于有氧耐力锻炼的范畴，采用连续负荷法进行。锻炼的负荷强度大约为 75%～85%，心率一般控制在 120～150 次/分钟，持续时间最少应在 5 分钟以上，一般在 15 分钟以上。连续负荷法是指较长时间内保持一种速度不变的练习方法；而交换负荷法是指在连续负荷的基础上，短时间内加大负荷强度，使机体的呼吸能力和血液循环能力产生良性刺激的练习方法。这些都是提高心肺功能较有效的锻炼方法。

健身锻炼的方法有：健身步行（包括散步、正常步行、快速步行）、健身跑、跳绳、骑自行车、登楼梯、爬山、跳健美操等。

（二）健美锻炼法

健美锻炼法又称力量性身体锻炼法。健美锻炼能有效地发展肌体的力量，塑造健美、强壮的体型，促进血液循环，提高心肺和神经系统的功能。健美锻炼一般是指通过杠铃、哑铃、多边联合器械、沙袋、橡皮筋等，或采用克服自身重力的练习（引体向上、双臂屈伸、俯卧撑等）进行锻炼的方法。

力量分为最大力量、速度力量和力量耐力。进行最大力量练习时，负荷强度一般控制在80%～95%，重复1～3次，练习2～3组，要注意组间的休息，最好隔天进行一次练习；速度力量练习突出的是速度，因此力量应该适中，用60%～80%的负荷强度，以最快的速度来完成，重复5～10次，做4～6组；而力量耐力练习既要有一定的力量阻力，又要克服一定的疲劳程度，负荷强度必须控制在50%左右，以中等速度完成，每次练习可重复20～30次，组数随能力的提高逐渐增加。在进行健美锻炼过程中，应根据自身的特点，有针对性地进行力量练习。

（三）娱乐、消遣锻炼法

随着社会的不断进步及工作节奏的加快，人们已意识到锻炼身体的重要性，越来越多的人主动加入到锻炼身体的行列中，这是因为锻炼身体能丰富业余文化生活，调节精神，同时排解工作和学习中的压力，消除生理和心理上的紧张，以更充沛的精力投入到工作、学习、生活中去。娱乐、消遣锻炼的特点是内容多样，不拘泥于形式，时间可长可短，内容的选择则可根据个人的兴趣爱好而定。

（四）利用自然条件的健身方法

大自然给人们提供了很好的锻炼身体的环境，如阳光、空气、水。这些对人体都有直接的影响，可以利用各种自然条件进行锻炼，以提高人体对不断变化的外界环境的适应能力，也可以此来增强体质和对疾病的抵抗能力。

（五）课余体育锻炼法

课余体育锻炼主要是指学生在课余时间，运用各种练习方法，以锻炼身体、增强体质、活跃身心、提高运动技术水平和丰富业余文化生活为目的而进行的体育活动。课余体育活动的内容和空间广泛，形式多样，方法灵活，学生可从兴趣出发，以个人、小组、班级或院系的形式开展。课余体育锻炼既能弥补学校体育课时数的不足，满足学生身心对运动的需求，又是体育教学课的延续，对学生体育锻炼习惯的养成有着不可替代的作用。

课余体育锻炼的内容要因人而异、讲求实效。就锻炼身体而言，方法不是越多越好，而应是项目不多，方法简单，但实效性强。例如，坚持长跑锻炼后，再加上适当的体操（单杠、双杠、徒手操或健美操）练习，就可以取得改善形体、提高技能和运动素质、增强体质及保持良好的健康水平的效果。

要提高神经系统强度，可通过跳跃、奔跑、投掷、对抗性的球类项目及支撑和悬垂项目来练习；追求肌肉发达，可进行中等或较大重量、重复7～12次的项目来练习；如要提高最大力量水平，可进行大重量（包括极限重量）、重复1～5次的项目来练习。

要提高呼吸系统和循环系统机能，提高肺活量、每搏输出量及氧利用水平，可通过中长跑、中长距离的游泳、爬山及较长时间的球类活动等来练习。

要提高反应速度，可通过对各种信号做出相应反应的项目来练习，如乒乓球、拳击、击剑、武术对练等；动作速度可采用徒手或稍加重量的以最快速度重复某一动作来提高；位移速度可采用短距离（30米、60米）全速度的反复跑或球类运动等来练习。

要提高灵敏度可通过即兴做一组较复杂的动作或即时模仿较复杂的动作来练习，球类、武术、拳击、体操等项目的练习也会起一定的作用。

要提高柔韧性可通过体操、武术、跨栏及球类等项目来练习。

要塑造良好形体可通过健美操、形体操、健美力量性练习及正确的行走、站立和坐姿等方式来练习。

要提高思维和判断能力可经常进行球类、棋类、桥牌等项目的练习。

单元二　体育锻炼与健康

学习目标：

1. 了解体育对健康有哪些影响。
2. 了解运动处方的制定原则。
3. 了解亚健康会给人体带来哪些危害。

素质目标：

培养学生正确的健身理念，避免因观念、方法的错误导致事倍功半，甚至带来运动损伤或体重失控，从身体、心理、社会和道德四个方面全方位判断是否健康。

专题一　健康的含义

从古至今，人们对健康孜孜以求，希冀拥有健康的身心。健康也是生活幸福、事业成功的基石。

经常进行合理的体育锻炼，除了可以学习和掌握体育技能、技巧，还能够提高人体各器官的机能，使身体各器官适应自然和环境变化，有益于身体健康。

一、健康概述

（一）健康的含义

1. 健康三维观

关于健康的含义，世界卫生组织（WHO）于 1948 年首次提出，“健康不仅是没有疾病和衰弱的状态，而且是一种身体上、精神上和社会适应方面的完满状态。”

随着社会的发展和科学技术的进步，人们突破了原有的思维模式，对健康的概念有了新的认识。1990 年，世界卫生组织又对健康提出了一个更明确和全面的定义：“健康不仅是没有疾病，而且包括躯体健康、心理健康、社会心理良好和道德健康。”这使得对健康的评价不仅基于生物学的范畴，还扩大到心理学和社会学领域。由此可见，一个人只有在身体和心理上保持健康的状态，并具有良好的社会适应能力，才算得上真正的健康。

基于健康的定义，世界卫生组织制定了健康的 10 条标准。

（1）精力充沛，能从容不迫地担负日常生活和繁重的工作而不感到过分紧张和疲劳。

（2）处世乐观，态度积极，乐于承担责任，事无大小，不挑剔。

（3）善于休息，睡眠好。

（4）应变能力强，能适应外界环境的各种变化。

（5）能够抵御一般性感冒和传染病。

（6）体重适当，身体匀称；站立时，头、肩位置协调。

（7）眼睛明亮，反应敏捷，眼睑不发炎。

（8）牙齿清洁，无龋齿，不疼痛，牙龈颜色正常，无出血现象。

（9）头发有光泽，无头屑。

（10）肌肉丰满，皮肤有弹性。

2. 健康五要素说

美国美利坚大学国家健康中心提出了一个相似的健康定义，即个体只有在身体、情绪、智力、精神和社会五个方面都健康，才称得上真正的健康。这个定义称为健康五要素说。

（1）身体健康：身体健康不仅指没有疾病，还要具备体能。体能是指满足生活所需和有足够的能量完成各种活动任务的能力。个体具备这种能力，就可以预防疾病，增进健康，提高生活质量。

（2）情绪健康：情绪涉及个体对自身的感受和对他人的感受。情绪健康的主要标志是情绪的稳定性，即个体应对日常生活中人际关系和环境压力的能力。当然，生活中偶尔的情绪高涨和情绪低落均属正常，关键是大部分时间保持情绪稳定。

（3）智力健康：智力健康是指在长期的学习和生活中，个体的大脑始终保持活跃状态，有许多方法可以使大脑保持活跃、敏捷，如听课、与朋友讨论问题或阅读等。

（4）精神健康：精神健康对不同的人意味着不同的内容，主要包括理解生活基本目的的能力，以及关心和尊重所有生命的能力。

（5）社会健康：社会健康是指个体与他人及社会环境相互作用，具有和谐的人际关系和实现社会角色的能力。此能力将使个体在交往中有自信和安全感。

健康的五个要素间相互联系、相互影响。

3. 身心关系

总的来说，健康各要素之间的关系实际上是身、心之间的关系。研究表明，人的生理和心理之间存在着相互作用的关系。生理健康（身体健康）有助于心理健康；反之，则会对心理健康产生负面影响。例如，如果人的大脑被病菌侵入，大脑中枢神经受到损伤，患者就可能会神志不清，记忆、推理和计算能力会出现明显下降。

同样，心理健康也会影响生理健康。心理健康的含义众说纷纭，莫衷一是。1946 年，国际心理卫生大会曾为心理健康下了个定义：“所谓心理健康是指在身体、智能及情感上与他人心理健康不相矛盾的范围内，将个人心境发展成最佳状态。”心理健康有四大标志：一是身体、智力、情绪十分协调；二是适应环境，人际关系和谐；三是有幸福感；四是在工作和职业中能充分发挥自己的能力，过有效率的生活。

（二）健康与亚健康

世界卫生组织的一项全球性调查表明，真正健康的人仅占 5%，患有疾病的人占 20%，而 75%的人处于亚健康状态。可见，健康的现状不容乐观，亚健康已成为普遍存在的现象。

亚健康是指机体介于健康与疾病之间的一种生理功能低下的特殊状态，机体尚无器质性病变，但体力和反应能力下降、适应能力减退、精神状态欠佳、人体免疫功能低下，已有程度不同的各种患病的危险因素，具有发生某种疾病的高危倾向。当前，由于社会生活节奏加快、竞争激烈，人们工作、生活上的压力在不断增加，再加上营养不良、缺乏运动及各种因素导致的心理不平衡，使得亚健康人群呈逐年增加的趋势。

亚健康状态大体表现为：躯体处于亚健康状态，心理处于亚健康状态，人际交往处于亚健康状态，慢性疲劳综合征。

（三）健康评价指标

健康评价指标多反映个体和群体健康水平，以医疗、卫生、保健设施和健康教育工作效果等为依据。世界卫生组织提出的指标大致有以下三种：一是与某地区特殊人群和全体人群的健康状况有关的健康指标；二是与健康状况直接有关的环境因子指标；三是与健康服务有关的指标。在这里主要介绍个体健康评价指标，具体如下：

（1）形态发育：身高、体重、坐高、胸围等；

（2）生理功能：血压、脉搏、肺活量等；

（3）身体素质：力量、速度、耐力、灵敏度、柔韧性等；

（4）心理：人格、智力、智商、情绪、情感、适应能力、意志品质等；

（5）社会适应能力：健康行为模式、个人生活方式、人际关系等；

（6）疾病：因疾病种类而异。

（四）影响健康的因素

1. 生物学因素

遗传对个体生长发育和健康状况起着重要作用，人体遗传基因决定了个体的生长发育和健康的主要部分。遗传的主要内容包括：①个体一生的新陈代谢。②机体防御侵袭、免疫反应、修复愈合、再生代谢等的能力。③其他：体型、长相、性格、气质、遗传病等。

2. 环境因素

（1）自然环境因素。自然环境因素包括空气、水源、土壤、食物、气候、物理、化学、生物等。自然环境是人类的物质生活基础，人要从自然环境中摄取有益物质而生存。在飞速发展的今天，环境如果受到污染，必然对人体健康造成危害。

（2）社会环境因素。社会环境因素包括社会组织结构、社会意识形态等。

社会组织结构包括家庭、学校、单位、医疗保健设施、社会团体等，如家庭会产生直接影响，父母的职业、文化结构、经济条件、卫生意识、卫生条件、人格都会对子女有较大影响。学校对知识文化程度、适应社会能力、生理卫生知识、保健基础知识、思想观念等有较大影响。另外，爱国卫生运动、预防疾病意识，以及国家制定和颁布的各种健康条例的贯彻和执行等，都对健康有很大影响。

社会意识形态包括道德观念、风俗习惯、文化和健康教育、生活方式、政策法令等。各个国家、地区，由于以上各方面存在较大差异，因此都在各方面依据国情、发展情况等做出了适合自己的各种规定。其中，最直接的影响是生活方式、文化和健康教育、政策法令法规。

生活方式受民族、文化、经济、社会意识、风俗习惯、家庭等一系列因素的影响；文化和健康教育起着增强意识、体质、生活质量的作用；而政策法令法规对保障人民的健康权利也起着重要的作用（如医疗保险、劳动保障、合作医疗、食品卫生、药品质量等）。

二、体育对健康的影响

健康是生命的保证。人人需要健康，向往健康。人的健康受多种因素的影响，如环境、遗传等，但体育锻炼对健康的影响也很大。法国思想家伏尔泰说："生命在于运动。"现代体育科学和医学的研究也表明，体育锻炼是维护健康的法宝。

（一）体育锻炼对身体健康的影响

参与有规律的体育锻炼能使人精力充沛地完成学习、工作和生活。也就是说，体育锻炼的最大作用在于全面增进人的健康。

1. 预防心血管疾病

大量研究表明，参与有规律的体育锻炼可以显著降低心血管疾病形成和发生的危险性。

2. 改善呼吸系统的功能

人在体育锻炼中呼吸过程加深，会吸进更多的氧气，排出更多的二氧化碳，从而使肺活量增大，肺功能增强。

3. 提高消化系统的功能

体育锻炼会增强体内营养物质的消耗，使整个机体的代谢增强。另外，体育锻炼还会促进胃肠蠕动和消化液的分泌，改善肝脏、胰腺的功能，从而使整个消化系统的功能得到提高，为人的健康和长寿提供良好的保障。

4. 改善神经系统的功能

人的活动是在神经系统支配下各种器官的协调活动。坚持锻炼的人，特别是中老年人，常表现为机体灵活、耳聪目明、精力充沛，这正是神经系统功能健壮的表现。

5. 降低糖尿病发生的危险性

糖尿病的特征之一是人的血糖水平很高，如果病人不加控制，还会引起许多其他健康问题，如视力和肾功能减弱等。有规律的体育锻炼有助于控制血糖水平，从而使个体发生糖尿病的可能性大大减小。

6. 预防骨裂

骨质疏松会引起骨裂，骨裂在各个年龄层次的人群中均会发生。研究表明，有规律的体育锻炼可以提高骨质密度和骨的强度，达到预防骨裂的目的。此外，体育锻炼对于骨质疏松的病人也具有积极的治疗作用。

7. 保持身体活动的能力

人体老化的主要特征之一是身体活动能力逐步衰退，尤其是 60 岁以后，身体活动能力的退步尤为明显。研究表明，有规律的体育锻炼能使人的身体活动能力的退化减慢。

8. 控制体重与改善体型

过分肥胖会影响人的正常生理功能，尤其容易造成心脏负担过重，寿命缩短。体育锻炼能减少脂肪，增强肌肉力量，保持关节柔韧性，故可以控制体重，改善体型。

（二）体育锻炼对心理健康的影响

体育锻炼不仅能强身健体、防止疾病，还能调控情绪、缓解压力。

1. 预防疾病，强身健体

身体健康是心理健康的基础，健全的心理需要健康的体魄来支撑。长期参加适当的体育运动，可以达到强健体魄、预防疾病的功效。积极运动，不仅可以使人得到高效的休息，消除疲劳，恢复体力，还能有效转变身体的亚健康状态。

2. 有助于建立良好的人际关系

人际关系是指在社会生活中，人们彼此为寻求满足各种需要而建立起来的相互间的心理关系。良好的人际关系使人具有安全感和归属感，是心理上的支持力量，使人感到愉悦和满足，所以它对心理健康非常重要。体育运动丰富了人们的社会交往，调整人们的精神状态，作为交际手段，既可以缩短人与人之间的社会距离，也能增进家庭成员间的感情交流，增强人与人之间的相互理解。所以体育运动可以帮助人们建立良好的人际关系，增进人与人之间的交流与合作。

3. 调控情绪，保持愉悦心态

情绪通常包括肯定的情绪体验和否定的情绪体验。愉快的情绪有利于维持和促进人体的健康状况，而不良情绪对身体的健康状况有损害作用。情绪是一种特殊的心理过程，可以根据个体需要加以控制。体育运动是一种调控情绪的有效手段，可以缓解快节奏生活所带来的紧张情绪，融洽人际关系，克服孤独感，陶冶人的情操，使人保持愉悦心态。

4. 缓解压力，获得轻松感受

体育运动是一种很好的预防和缓解压力的手段。经常参加体育运动，可以提高心理应激水平，使人处乱不惊，从而预防压力。当压力产生后，体育运动可以帮助我们适时宣泄压力，从而缓解压力，减轻心理负担。

5. 完善人格，提升自我

人格是各种心理特征的总和，健康的人首先必须具备健康的人格，没有健康的人格就不能称为健康。人格与个性同义，它持续地、稳定地影响着人的思维、情感和行为，具有独特、区别于他人的特征。参与体育运动时，参与者在完成各种复杂动作的过程中，在与队友的配合中，在与对手的竞争中，在对失利挫折的反思中，能主动适应环境；能悦纳自己，接受他人；能磨砺意志，不断超越自我。就在参与运动的过程中，不断建立自信心，良好的人格也得以确立。

三、体育与营养

（一）营养的概念

机体从外界摄取、消化、吸收、利用食物的过程称为营养。能在体内被消化、吸收，为机体进行正常物质代谢所必需的物质称为营养素。人体所需的营养素有水、膳食纤维、矿物质、维生素、碳水化合物、脂肪和蛋白质 7 类，见图 2-1。营养素通常来自食物，每种食物能够给人体提供一定种类的营养素，但没有任何一种食物包含人体所需要的一切营养素，因此，人体需要从多种食物中获取各种营养素。

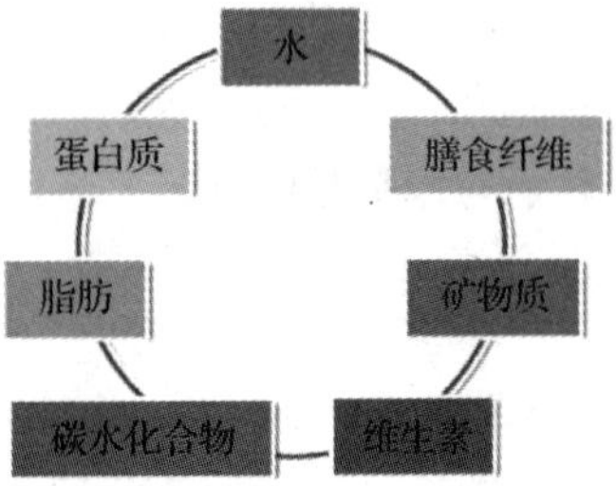

图 2-1　人体所需的营养素

（二）体育锻炼与合理营养

合理营养是保证人体正常生长发育、增进健康、防治疾病和延年益寿的重要因素之一，对提高运动能力、创造优异成绩和消除运动疲劳都具有积极作用。合理营养应遵循以下基本原则。

1. 能量平衡

人体每天要维持生命、保证各种活动的正常进行，就需要能量来维持。人体每天消耗的能量都要从食物中摄入，而摄入量由消耗量来决定，每天消耗多少能量就应该补充相应的能量，即摄入量等于消耗量。如果摄入量不足或过多，就会对人体健康产生影响。摄入不足，会出现营养不良、贫血、抵抗力下降，易感染疾病；摄入过多，会造成脂肪堆积而形成肥胖，肥胖会增加机体负担，妨碍运动。影响人体能量消耗的主要因素是基础代谢和运动量，所以每个人每天的消耗量是不同的。

2. 热源物质比例适当

糖、蛋白质和脂肪为人体提供能量，食物中三者的比例对机体代谢状态和工作能力有一定影响。

热源物质比例的计算方式有两种：按热量计算，脂肪供能占总热量的 20%～25%，糖占 55%～65%，蛋白质占 10%～14%；按重量计算，一般进行体育锻炼者的食物中，蛋白质、脂肪和糖三种营养素的适宜重量比为 1 : 1 : 4。

3. 充足的维生素和矿物质

维生素是维持人体生命和人体生理功能不可或缺的营养素，目前已知的有 30 多种。维生素不能在人体内合成或合成量甚微，因此，人们只能不断地从食物中获取维生素，主要维生素来源、缺乏症状和供给量见表 2-1。体育运动会使维生素消耗量增加。

表 2-1 主要维生素来源、缺乏症状和供给量表

维 生 素	主 要 来 源	缺 乏 症 状	所需供给量/天
A	牛奶、鸡蛋、胡萝卜、蔬菜叶、鱼油	夜盲症、角膜炎	800μg
D	鱼油、肉类、鸡蛋、牛奶	佝偻病、软骨病	5μg
E	植物油、牛奶、鸡蛋和肉类	肌肉营养不良	14mg
B_1	肉类、酵母、带荚的果实、谷类	精神失调	1.4mg
B_2	肝、心、肾、牛奶	皮肤病	1.4mg
C	酸枣、山楂、柑橘、猕猴桃	坏血病、伤口愈合不良等	100mg

矿物质又称无机盐，包括除碳、氢、氧、氮以外存在于体内的其他各种元素，含量较多的无机盐有钙、钠、钾、镁、磷、硫、氯七种。其他元素，如铁、铜、锌、锰、氟等存在量很少，故称为微量元素。不同的矿物质有不同的营养功用，见表 2-2。

表 2-2 不同的矿物质的不同的营养功用

元 素 名 称	生 理 功 用	食 物 来 源	所需供给量/天
钙	构成牙齿和骨骼、凝血	奶、虾皮、芝麻酱、大豆	800mg
铁	合成血红蛋白	动物内脏、鱼、肉类、深绿蔬菜	15～20mg
锌	促进生长发育，增强抵抗力	海牡蛎等海产品、动物内脏、蛋类	15mg
碘	缺碘会出现甲状腺疾病	海带、紫菜、海鱼、海虾	150μg
钠	维持体液渗透压	食盐	<6g

4. 合理的膳食制度

合理的膳食制度有利于食物的消化、吸收，以及保持良好的生理机能状态，有益于身体健康，而且对提高机体的工作能力有良好的作用。

运动后应休息 30 分钟以上再进食，进食后应休息 1.5～2.5 小时才能剧烈运动。三餐分配要合理。早餐应摄取较充分的糖、蛋白质和维生素，提供 25%的热量，这样有利于血糖和生理机能在上午保持较高水平。午餐提供的热量应占 40%，这将有利于下午的工作和运动。晚餐后主要是休息，所以热量的比例以低于 35%为佳，而且晚餐中脂肪和蛋白质不宜过多，以免血糖持续升高，影响睡眠。

（三）运动与补水

水是人体中含量最多的成分，约占体重的 60%～70%，是维持人体正常生理活动的重要营养物质之一。人体每日需补充 2000～2500 毫升水，扣除食物及其氧化所产生 1000 毫升左右的水，每日在正常情况下还需饮水补充 1000～1500 毫升。

1. 运动前补水方法

运动前补充一定的水，可以减少运动中水分的过多消耗。在较长的运动过程中，出汗量可达每小时 500～1000 毫升，因此应在进行耐力性强、时间长的运动前 40 分钟到 1 小时补充约 300 毫升水，可以选择含电解质或糖的运动饮料。

2. 运动中补水方法

如果出汗量大，有必要在运动中补水，补水量根据出汗量而定，一般情况下，可每隔 15～20 分钟喝 200～300 毫升水，补水量不超过 600 毫升/小时。

3. 运动后补水方法

运动后补水非常重要，有助于机体体液平衡，促进疲劳的消除。运动后不宜立即一次大量饮水，因为剧烈运动时胃肠中血液减少，对水的吸收能力弱，胃肠会出现不舒适、胀满之感，若躺下休息更会因挤压膈肌而影响心肺活动，所以运动后补水也要遵循少量多次的原则，补充含电解质的饮料。

（四）运动前营养

运动前应以高糖、低脂肪的食物为主，如面包、米饭、面条、水果等，这些食物作为运动时的能量来源更容易消化，能提供糖类。

如果运动时间超过 60 分钟，可以选择升糖指数较低的食物，如水果、米饭、豆类、脱脂牛奶等，这些食物缓慢地被消化成糖类，能够长时间地供应给运动中的肌肉消耗。

如果运动时间少于 60 分钟，可以选择升糖指数较高的食物，如面包、运动饮料，这些食物很快就被消化掉，能够迅速地提供糖类。

（五）运动后营养

运动后应以高糖、低脂肪、适量的蛋白质和容易消化的食物为主。为促进运动后的恢复，补液（含电解质的运动饮料）极其重要，它能够使体重快速恢复到运动前的水平。为了促进体内能量储备物质的恢复，补充糖类食物或含糖饮料的时间越早越好。此外，为促进关键酶浓度的恢复，应补充电解质、维生素、微量元素和碱性食物；为促进抗氧化酶活性的恢复，可补充具有抗氧化性质的天然物质，如蔬菜和水果。

四、体育锻炼计划

体育锻炼对人的身体健康、心理健康及社会适应能力的提高都有着积极的促进作用，并且属于可控制因素，因此我们要学会制订科学的体育锻炼计划，让体育运动更好地服务于我们的健康。科学的体育锻炼计划，包括健康评估、制订体育锻炼计划、体育锻炼计划的监督与反馈几个部分。

（一）健康评估

制订体育锻炼计划前，首先要对自我健康状况有所了解，通过多种途径对自我健康状况做出评估，主要包括自我评估、医疗机构评估和社会支持资源评估。对于一些病人，要以医疗机构评估为主，根据评估结果，专业人士会针对病人的身体状况开出“运动处方”。对于大部分身体没有疾病的人来说，可以以自我评估为主，根据不同的健康状况对应地选择不同的体育锻炼内容。另外，社会支持资源——家人、朋友等进行的健康状况评估，也对我们了解自己的健康状况很有帮助。

（二）制订体育锻炼计划

1. 制订计划需知的体育知识

对于大部分身体没有疾病的人来说，要制订科学的体育锻炼计划，就要明确体育锻炼的原则、内容和方法。

（1）体育锻炼的原则：适宜运动负荷，循序渐进，持之以恒，因人而异。

（2）体育锻炼的内容：健身运动、健美运动、医疗体育、矫正体育、防卫体育。

（3）体育锻炼的方法：节选练习法、单项重复法、群项组合法、变换练习法、竞赛与表演法。

2. 制订计划的技巧

（1）决定自己要做的事并确定要达到的目标。

（2）分解目标，寻找可行的方法和途径。

（3）制订短期行动计划。

（4）执行行动计划。

（5）检验执行结果。

（6）进行中期调整。

（7）及时奖励自己。

3. 一份成功行动计划的基本要求

（1）自己想要做的事。

（2）合理。

（3）改变特定行为。

（4）需要回答以下问题：做什么？做多少？什么时间做？一周做几次？

（5）自信心 7 分或 7 分以上（对自己完成计划的信心，满分 10 分）。

应用案例如下：

（1）本周我打算做什么？在学校乒乓球馆练习乒乓球。

（2）练习多少时间？每次练习 1 个小时。

（3）什么时间做？每次傍晚 5：15 开始。

（4）一周做几次？一周做四次，分别在周二、周四、周六、周日。

（5）自信心：8 分。

（三）体育锻炼计划的监督与反馈

制订了合理的计划后，重要的是实施这项计划，而在实施中又总会遇到很多问题，下面介绍几种应对问题的技巧。

1. 做积极的自我管理者

自信心是一个人积极自我管理的关键，行为习惯、生活方式的建立在很大程度上取决于自信心。

建立自信心的方法和技巧如下：

（1）尝试一步一步地完成某一行动；

（2）注意学习他人经验；

（3）积极寻求他人的理解和支持；

（4）及时消除不良情绪，保持积极向上的情感状态。

2. 解决问题的技巧

要解决好体育锻炼中的实际问题，首先必须明确两点：第一，问题不可能一次就能解决；第二，必须分阶段以短期能实现的内容为目标，一步一步地解决问题。具体如下：

（1）找出问题和列出解决问题的方法；

（2）选择一种方法进行尝试；

（3）评价尝试的结果；

（4）用另一种方法代替第一种效果不佳的方法，继续尝试；

（5）进一步寻找社会支持；

（6）接受现实，此问题目前可能无法解决。

五、运动疾病及预防方法

（一）运动中腹痛

1. 原因

运动中腹痛产生的原因主要是准备活动不充分，运动强度增加过快，或是运动前吃得过饱，饮水太多。

2. 处置和预防

处置：放慢速度，加深呼吸，按摩疼痛部位。如果感觉疼痛厉害，去医院就医。

预防：运动前做好准备活动，合理控制运动量；合理控制饮食和饮水。

（二）运动性昏厥

1. 原因

运动过于剧烈或运动时间过长，血糖过低等。

2. 处置和预防

处置：让患者平躺，足部高于头部，并进行由小腿向大腿“向心”方向的推摸或拍击。

预防：多参加体育锻炼，不断增强体质；运动后慢走一段再停下来；不要在饥饿状态下运动。

（三）运动性中暑

1. 原因

高温环境容易导致中暑。高温、通风不良、头部缺乏保护、烈日直接照射的情况下，容易发生运动性中暑。

2. 处置和预防

处置：首先将患者扶送到阴凉通风处休息，同时可以通过解开衣领、冷敷头部等降温。

预防：在高温环境下适当减少运动量和运动时间，在高温环境和强日光环境下注意防晒；在室内锻炼要注意通风。

专题二　运动处方

运动处方原指医生用处方的形式规定病人锻炼的内容和运动量的方法。病人求诊时，医生只有对症下药，才能治愈疾病。同样，对于每个锻炼者来说，应有一个合理的运动处方才能有效地提高自己的体能水平。运动处方因人而异，其内容应包括锻炼目标、准备活动、锻炼模式和整理活动。

20 世纪 50 年代，美国生理学家卡波维奇最早提出运动处方的概念。20 世纪 60 年代以后，随着康复医学的发展，运动处方开始受到重视。1969 年，世界卫生组织开始使用“运动处方”这一术语，其在国际上得到广泛认可。

一、运动处方的制定原则

1. 因人而异原则

运动处方应根据个人的需要来制定。尽管每个人锻炼时应用的基本原则相同，但没有两个完全相同的人，因此，选择锻炼方式时应考虑一些个体的因素，如健康状况、年龄、体能、骨骼肌及身体结构等。

2. 有效原则

运动处方的制定和实施应使参加锻炼者的功能状态有所改善。在制定运动处方时，要科学、合理地安排各项内容；在运动处方的实施过程中，要按质、按量认真完成训练。

3. 安全原则

按运动处方运动，应保证在安全的范围内进行，若超出安全的界限，则可能发生危险。

在制定和实施运动处方时，应严格遵循各项规定和要求，以确保安全。

4. 全面原则

运动处方应遵循全面原则，在制定和实施的过程中，应注意维持人体生理和心理的平衡，以达到身心健康的目的。

二、运动处方的制定方法

（一）设置锻炼目标

确立短期和长期目标对设计一份运动处方十分重要，目标能促使你去实施某一个锻炼方案，而达到目标后又能进一步提高自信心，从而激励你终身从事有规律的体育锻炼。

可以为与健康有关的各个体能成分设置锻炼目标。如表 2-3 所示，某人通过体能测试来判断他何时能达到目标，然后在此基础上设置短期和长期锻炼目标。表中的“当前状况”栏是指这个人在开始执行锻炼方案前，通过测试所获得的体能水平等级。然后，他确立了一些短期目标，希望在锻炼的前 8 周内达到这些目标。值得注意的是，短期目标并非固定不变的，它可以随个体情况而进行调整。他的长期目标是希望在 18 个月内达到的体能水平。同样，长期目标也可随个体的需要或环境的变化而调整。

表 2-3　设置短期和长期锻炼目标

体能成分	当前状况	短期目标	长期目标
心肺功能	差	一般	极好
肌肉力量	差	一般	极好
肌肉耐力	很差	一般	好
柔韧性	差	一般	好
身体成分	高脂肪	较高脂肪	最佳

此外，还要考虑设置一些坚持锻炼的目标，即设置保证每周专门有几天来锻炼的目标。坚持锻炼的目标很重要，因为只有进行有规律的锻炼，体能才能得到维持和提高。

在设置个人锻炼目标时，请遵循以下几点建议。

1. 确立现实的目标

设置目标最重要的原则是目标必须是现实的，也就是说，要设置一些能达到的锻炼目标，因为目标实现不了会使人灰心泄气。

设置短期和长期目标。短期目标的实现能激励自己继续进行锻炼。因此，设置一些现实的短期目标很关键。当达到某个锻炼目标后，再设置一个新目标。

除短期目标和长期目标外，还要考虑设置一个体能维持目标。体能维持目标有助于终身坚持体育锻炼。

2. 用书面形式写出目标

将设置好的目标写在纸上，然后把这些目标置于每天都能看得见的地方，这有助于提醒自己目标尚未达到，还应继续努力。此外，应该对目标定期进行评估，如果需要的话，也可对目标进行调整。

3. 认识达到目标的重要性

应认识到锻炼目标的重要性；否则，就不会对锻炼目标感兴趣。在执行锻炼方案前，还应该认识到锻炼中遇到各种困难均属正常现象，要时刻告诫自己不能打退堂鼓。坚持锻炼，必有收获。

需要注意的是，设置目标固然重要，但朝着目标所做出的努力更加重要。

（二）重视准备活动

准备活动是指在锻炼前进行的短暂（5～15 分钟）的练习活动。准备活动的内容通常包括小运动量的健美操、低强度的跑步或伸展性练习等。准备活动可降低大运动量锻炼对心脏的压力，以及减少肌肉和肌腱受伤的可能性。

（三）选择锻炼模式

锻炼模式包括锻炼方式、锻炼频率、运动强度和持续时间。锻炼方式是指个体从事某种专门性的身体练习活动。每个想参加体育锻炼的人首先应选择一项适合自己的运动项目作为锻炼方式。例如，为了提高心肺功能，可以从广泛的锻炼方式中去选择，如跑步、游泳或骑自行车。选择某种锻炼方式时应考虑的主要因素是运动适用性。

根据体育锻炼时施加在关节上的负荷量，可将身体运动划分为高冲击和低冲击两种。对关节施加负荷量大的运动叫高冲击运动，而对关节施加负荷量小的运动叫低冲击运动。由于高冲击运动方式易使锻炼者受伤，所以许多体能专家建议，初学者或那些易受伤者（如老年人）最好选择低冲击运动方式。高冲击运动方式包括跑步、打篮球及节奏很快的有氧操等；低冲击运动方式包括散步、骑自行车、游泳及节奏较慢的有氧操等。

锻炼频率是指每周锻炼的次数。为提高与健康有关的体能水平，建议每周锻炼 3～5 次。

运动强度是指锻炼时人体承受的生理负荷量。运动强度应根据锻炼者所进行的不同运动类型来确定。例如，锻炼时心率增加量与能量消耗成正比，因而在进行提高心肺功能的锻炼时，测量心率是判断运动强度的标准方法。尽管心率也可用来评价力量练习中的运动强度，但在肌肉疲劳前仅能举起某一重量 5～8 次，这说明锻炼者进行的是高强度练习。相比而言，如果这一重量被举起 20～30 次肌肉都感觉不到疲劳，那么，说明锻炼者进行的是低强度举重练习。

肌肉伸展超过正常长度时，柔韧性水平就能得到提高。伸展强度是根据伸展练习中所感受到的紧张度以及不舒服度来测定的。低强度的伸展练习只能使锻炼者感到肌肉和肌腱有很轻的紧张感和不舒适感。相比而言，高强度的伸展练习会给伸展的肌群带来高度的紧张感或中等的不舒适感。

锻炼模式中的另一个重要组成部分是持续时间，即用在主要锻炼内容上的总时间。持续时间不包括准备活动和整理活动花费的时间。研究表明，如果要有效地提高体能水平，每次至少锻炼 20～30 分钟（每周至少锻炼 3 次）。

（四）注意整理活动

整理活动是指在主要锻炼结束后，立即进行 5～15 分钟的低强度练习。例如，慢走可以作为一次跑步锻炼的整理活动。整理活动能达到如下目的：首先，整理活动可以使血液从肌肉返回心脏。锻炼时大量的血液被运动到工作肌中，锻炼停止后，如果不能使沉积的血液重新分流，人就会感到头晕甚至昏倒。防止血液沉积的最好办法是对工作肌进行低强度练习。其次，尽管一次整理活动不能完全消除肌肉酸痛，但会降低因运动而引起的肌肉酸痛程度。最后，整理活动有助于体温的逐渐降低。

专题三　大学生体能的测定与评价

对大学生体能进行测定与评价，有助于设定合理的锻炼目标，以便科学地进行锻炼。本专题将介绍一组测定与评价体能的方法，简便易行，非常实用，主要包括心肺功能适应力、肌肉力量、肌肉耐力、柔韧性等。

一、心肺功能适应力

心肺功能适应力是与健康有关的主要生理指标之一，也是进行耐力运动的基础。测量心肺功能最准确的方法是对人体的最大吸氧量（VO_{2max}）进行评价。下面介绍三种最大吸氧量的测量方法。

（一）由亚极限强度负荷时心率推测最大吸氧量

在受试者胸前安装好心率遥测仪。令受试者在功率自行车上静息片刻，并将负荷功率定为 50W，开始蹬车进行 3 分钟准备活动，然后以 100W 和 150W 递增的定量负荷蹬车 3 分钟，同时，测量负荷 150W 第 3 分钟时的心率。按下列公式推算最大吸氧量：VO_{2max}（升/分钟）= 7.9297−0.0304×HR150W（次/分钟），VO_{2max} 为最大吸氧量，HR150W 为负荷 150W 时的心率。数值越大表明有氧耐力越强。

（二）台阶测试

研究表明，心肺功能适应力强的人比心肺功能适应力弱的人在运动后 3 分钟恢复期内的心跳频率低。台阶测试虽然不是最好的评价心肺功能适应力的方法，但是它的优势在于可以在室内进行，适合不同程度的身体条件，不需要昂贵的设备，测试时间短。台阶高度根据性别有所不同，男性测试者台阶高度为 30 厘米，女性测试者台阶高度为 25 厘米，根据男女身高不同，还可做相应调整。测试步骤如下。

1. 保持适当踏跳节奏

测试时找一同伴，帮助你保持适当的踏跳节奏。节奏为每分钟踏 30 次左右，共 3 分钟，可以让同伴用节拍器或声音提示你。因此，需要 2 秒钟左右各踏一次（也就是说，把节拍器设置为每分钟 60 拍，每响一下踏一次）。在测试时，应左右腿轮换做，每次上下台阶后，上体和双腿必须伸直，不能屈膝。

2. 测试恢复期频率

测试结束后，应立即坐下，并测量运动后 1 分钟至 1 分 30 秒、2 分钟至 2 分 30 秒、3 分钟至 3 分 30 秒三个恢复期的心率。测试的关键在于必须每分钟踏完 30 次，这样运动后恢复期内的心率才是有效的。评定指数计算公式如下：

评定指数=登台阶运动持续时间（s）×100/2×（恢复期 3 次心率之和）

如表 2-4 所示为 18～25 岁年龄段台阶测试的参考性标准。例如，一位男性评定指数为 52.5，他的心肺功能适应力为较差（即 2 分）。

表 2-4　18～25 岁年龄段台阶测试的参考性标准

适应能力等级	3 分钟台阶测试的评定指数	
	男	女
1 分（差）	45.0～48.5	44.6～48.5
2 分（较差）	48.6～53.5	48.6～53.2
3 分（一般）	53.6～62.4	53.3～62.4
4 分（较强）	62.5～70.8	62.5～70.2
5 分（强）	≥70.9	≥70.3

3. 心肺功能适应力评价

当完成了心脏功能适应力测试后，应对测试结果做出评价，并确立提高自己心肺功能适应力的目标。与同年龄段的其他人相比，如果心肺功能适应力被列在“1 分”或“2 分”等级中，说明你目前的心肺功能适应力低于同性别、同年龄段平均水平，属于差或较差；如果被列在“4 分”等级中，说明你的心肺功能适应力高于同性别、同年龄段人的平均水平，属于较强；“5 分”等级是指你的心肺功能适应力位于同性别、同年龄段前 15%，属于强者。然而，不管目前心肺功能适应状况如何，都应坚持有规律的身体锻炼来提高自己在这方面的能力。

（三）12 分钟跑测试

12 分钟跑测试是目前国内外评价心肺功能适应力最简单的方法之一。运动生理学的研究表明，在 12 分钟内心肺功能适应力强的人比适应力弱的人跑的距离更长。心肺功能适应力也代表全身耐力的水平。

此方法最好在 400 米跑道上进行。测试前要做充分的准备活动，在跑的过程中尽量快跑，如遇到呼吸困难，应减慢速度，及时调整呼吸。但在开始和结束时，应避免全速跑和冲刺跑。

12 分钟跑测试对积极参与体育锻炼的大学生最合适。然而，由于其运动强度较大，故不适合于 30 岁以上的身体条件较差者、关节病患者等。

12 分钟跑测试最好安排在温度适宜的季节进行，避开非常冷或非常热的天气。对体能状况较好的人，可以快跑也可以慢跑 12 分钟；对于体能状况较差的人，这种测试就成了慢跑或走的测试。

如表 2-5 所示是用 12 分钟跑测试评价心肺功能适应力的参考性标准。根据性别、年龄和完成时间，在表格的左面就可以发现心肺功能适应力处于哪一等级。例如，张某某，21 岁，男，12 分钟跑完了 2.35 千米，心肺功能适应力属于“一般”等级。

表 2-5　用 12 分钟跑测试评价心肺功能适应力的参考性标准　　单位：千米

心肺功能适应力等级	年龄/岁					
	13～19	20～29	30～39	40～49	50～59	60 及以上
男						
很差	<2.08	<1.95	<1.89	<1.82	<1.65	<1.39
较差	2.08～2.18	1.95～2.10	1.89～2.08	1.82～1.99	1.65～1.86	1.39～1.63
一般	2.19～2.49	2.11～2.39	2.09～2.32	2.00～2.22	1.87～2.08	1.64～1.92
较好	2.50～2.75	2.40～2.62	2.33～2.50	2.23～2.45	2.09～2.30	1.93～2.11
良好	2.76～2.97	2.63～2.82	2.51～2.70	2.46～2.64	2.31～2.53	2.12～2.49
优秀	≥2.98	≥2.83	≥2.71	≥2.65	≥2.54	≥2.50
女						
很差	<1.60	<1.54	<1.50	<1.41	<1.34	<1.25
较差	1.60～1.89	1.54～1.78	1.50～1.68	1.41～1.57	1.34～1.49	1.25～1.38
一般	1.90～2.06	1.79～1.95	1.69～1.89	1.58～1.78	1.50～1.68	1.39～1.57
较好	2.07～2.29	1.96～2.14	1.90～2.06	1.79～1.98	1.69～1.89	1.58～1.74
良好	2.30～2.41	2.15～2.32	2.07～2.22	1.99～2.14	1.90～2.08	1.75～1.89
优秀	≥2.42	≥2.33	≥2.23	≥2.15	≥2.09	≥1.90

二、肌肉力量

评价肌肉力量可采用一次重复最大量（1RM）测试，即测试一次能举起的最大重量。

（一）一次重复最大量测试

由于这种测试有可能导致损伤，被测者应在经过几周力量练习，并在技术和力量方面都有所提高的情况下进行测试，以免受伤。年纪较大或脑力劳动者需进行 6 周力量练习，而大学生只需进行 1 到 2 周的力量练习便可参加 1RM 测试。

1RM 测试旨在测试选定了的肌肉群的力量，测试方法如下。

先做 5～10 分钟有关肌肉群的准备活动，然后，选择能毫不费力举起的重量进行练习，并逐渐增加重量直到只能举起一次。真正的 1RM 测试是指测试一次能够举起的最大重量。测量方法包括负重屈肘、肩上举、仰卧推举、坐蹲腿等。

如表 2-6 所示是一次重复最大量测试中肌肉力量得分的参考性标准。

表 2-6　一次重复最大量测试中肌肉力量得分的参考性标准

练习方式	力量等级					
	很差	较差	一般	较好	好	优秀
男						
仰卧推举	<50	50～99	100～110	111～130	131～149	>149
负重屈肘	<30	30～40	41～54	55～60	61～79	>79
肩上举	<40	41～50	51～67	68～80	81～110	>110
坐蹲腿	<160	161～199	200～209	210～229	230～239	>230
女						
仰卧推举	<40	41～69	70～74	75～80	81～99	>99
负重屈肘	<15	15～34	35～39	40～55	56～59	>50
肩上举	<20	20～46	47～54	55～59	60～79	>79
坐蹲腿	<100	100～130	131～144	145～174	175～189	>189

计算测试成绩的方法是：1RM 重量除以体重再乘以 100，即为肌肉力量。例如，假定一个体重为 68 千克的男大学生，他的仰卧推举重量为 80 千克，那么他的肌肉力量分数为：1RM 重量÷体重×100=80÷68×100≈117.7。

根据表 2-6，这个男大学生仰卧推举的肌肉力量约为 117.7，属于“较好”等级。

（二）如何评价肌肉力量

在测试完肌肉力量后，应对结果做出评价。如果目前肌肉力量处于“一般”水平以下，不要灰心，只要坚持有规律的锻炼，完全能够提高自己的肌肉力量。最初的力量测试完成后，应设置短期和长期目标，在坚持练习 6 到 12 周后，再重新测试肌肉力量。

三、肌肉耐力

有肌肉力量，却不一定有足够的肌肉耐力。比如有力量把一袋沉重的东西放到车上，却不一定有足够耐力多次完成这一动作。提高肌肉耐力对人们很有益处。测量肌肉耐力有多种方法，其中俯卧撑、仰卧起坐和仰卧起身是三种简便易行的方法。俯卧撑测量的是肩部、臂部和胸部肌肉的耐力，而仰卧起坐和仰卧起身则主要测量腹肌的耐力。

（一）俯卧撑测试

标准的俯卧撑测试应按下述方法进行：身体呈俯卧姿势，用两手撑地，手指向前，两手间距与肩同宽，两腿向后伸直，用脚尖撑地。屈臂使身体平直下降，使肩与肘接近在同一平面上，躯干、臀部和下肢要挺直。当胸部离地 2.5～5 厘米时，撑起恢复到预备姿势为完成一次。俯卧撑测试步骤如下。

（1）找一同伴计数、计时（60 秒）。测试前，先做一些练习来热身，休息 2～3 分钟后正式开始。

（2）听到“开始”口令后，开始做俯卧撑。同伴要高声数俯卧撑次数，并每隔 15 秒提示剩余时间。只有正确完成动作，才能被计入总数。因此，要正确完成每一个俯卧撑动作。

（3）完成 1 分钟测试后，可参考表 2-7 评价肌肉耐力等级。

表 2-7　1 分钟俯卧撑测试评价肌肉耐力的参考性标准（男）

年龄段/岁	根据 1 分钟俯卧撑的次数判定肌肉耐力的等级				
	1 分（差）	2 分（一般）	3 分（较好）	4 分（好）	5 分（优秀）
18～20	4～11	12～19	20～29	30～39	≥40
21～25	3～9	10～16	17～25	26～33	≥34
26～30	2～8	9～15	16～22	23～29	≥30
31～35	2～6	7～12	13～19	20～27	≥28
36～40	2～6	7～11	12～19	20～25	≥26

（二）仰卧起坐测试

仰卧起坐测试是应用最广泛的评价腹肌耐力的实地测试方法之一。测试时，仰卧于垫上，两腿稍分开，屈膝呈 90°，两手交叉置于脑后，同伴压住两踝关节处。起坐时，以两肘触及或超过两膝为完成一次。仰卧时，两肩胛必须触垫。

在仰卧起坐过程中，主要是腹肌在起作用，然而腿部肌肉也参与了工作，因此这种测试既评价了腹肌的耐力，也测量了腿部肌肉的耐力。一般认为，仰卧起坐是比较安全的体能测试方法，但测量时要注意三点：首先，在起身阶段应避免对颈部产生过大压力，也就是说，应腹肌用力而不是颈部用力；其次，在回复原位的时候，应避免头后部敲击地面；最后，禁止使用肘部撑垫或借助臀部上挺和下落的力量起坐。仰卧起坐测试的步骤如下。

（1）找一个同伴计时、计数，同伴压住你的踝部。

（2）首先做一些练习来热身，休息 2～3 分钟后开始。听到“开始”口令后，即做仰卧起坐。同伴高声计数并每隔 15 秒提示剩余时间。只有正确完成动作才能被计入总数。

（3）完成 1 分钟测试后，可参考表 2-8 评价肌肉耐力等级。

表 2-8　1 分钟仰卧起坐测试评价肌肉耐力的参考性标准（女）

年龄段/岁	根据 1 分钟仰卧起坐的次数判定肌肉耐力的等级				
	1 分（差）	2 分（一般）	3 分（较好）	4 分（好）	5 分（优秀）
18～20	3～7	8～16	17～28	29～35	≥36
21～25	1～6	7～15	16～22	22～29	≥30
26～30	1～3	4～11	12～19	20～27	≥28
31～35	1～2	3～9	10～17	18～23	≥24
36～40	1～2	3～7	8～14	15～21	≥22

（三）仰卧起身测试

仰卧起身与仰卧起坐的不同之处在于：首先，前者在上升阶段时，上体与垫子的角度不超过 40°（肩部抬起大约 15～25 厘米）；其次，仰卧起身避免了背部承受过大压力。因此，仰卧起身在国外正逐渐取代仰卧起坐，成为更常用的评价腹肌耐力的方法。

仰卧起身测试方法：仰卧于垫上，两腿稍分开，屈膝呈 90°，两臂伸直，在指尖处粘一胶带，靠近脚的方向再贴一条平行于第一条的胶带（间距为 8 厘米）。抬起上身使指尖触到第二条胶带，再返回原来的位置。仰卧起身的测试步骤如下：

（1）找一个同伴帮你计数，屈腿 90°躺在垫子上。

（2）仰卧起身测试没有时间限制，但要在一个较慢、每分钟 20 个动作的节奏下完成，这个节奏由每分钟敲击 40 次的节拍器引导（起身时敲击一次，下落时紧接着敲击一次）。

（3）听到“开始”的口令后，按照节奏完成仰卧起身的动作，请尽量达到 75 次的目标。

（4）可参考表 2-9 评价肌肉耐力等级。

表 2-9　仰卧起身测试评价肌肉耐力的参考性标准

年龄段/岁	根据完成仰卧起身次数判定肌肉耐力的等级				
	差	一般	较好	好	优秀
男					
<35	15	30	45	60	75
35～44	10	25	40	50	60
≥45	5	15	25	40	50
女					
<35	10	25	40	50	60
35～44	6	15	25	40	50
≥45	4	10	15	30	40

（四）如何评价肌肉耐力

肌肉耐力的等级范围为由差到优秀或由 1 分到 5 分。如果测试的成绩是“差”（或 1 分）或“一般”（或 2 分），说明肌肉耐力水平要低于同龄人的平均值；如果测试成绩是“较好”（或 3 分），则意味着目前肌肉耐力的水平要高于平均值；如果测试成绩是“好”（或 4 分），则显示肌肉耐力水平相当出众；最后，大约 15%的个体才能达到“优秀”（或 5 分）等级。

四、柔韧性

进行柔韧性测试，可以了解自身各关节的柔韧性程度。柔韧性越好，关节的活动幅度越大，人的关节灵活性就越强。一般来说，年龄越小，柔韧性越好，随着年龄增大，柔韧性会越来越差。加强柔韧性的练习，对不同年龄的人都是非常重要的。要保持良好的柔韧性需经常进行牵拉练习。迄今为止，没有单一的测试方法来描述整个人体的柔韧性，通常采用测量躯干和肩部柔韧性的方法来评价。

（一）躯干柔韧性测试

坐位体前屈测试主要用于评价躯干弯曲的能力，这一方法牵拉的是背部浅层肌肉和大腿后部肌肉。坐位体前屈测试方法：垂直坐着，两腿伸直，脚跟并拢，脚尖分开约 10～15 厘米，用整个脚底面顶着盒子。两手并拢，两臂和手伸直，渐渐使上身向前屈，并尽可能地用两手指尖轻轻地推动标尺上的游标向前滑动，直到不能继续前移为止，保持这一姿势 3 秒钟。测量 3 次，取最好成绩，记录的成绩以厘米为单位，数值精确到小数点后 1 位。

特别需要注意的是，在测试前，应做短时间的牵拉练习作为热身活动。为了减少受伤，应避免在测试中快速移动。此外，还应有一个同伴帮助保持腿的伸直状态和记录得分。完成测试后，可参考表 2-10 评价柔韧性的等级，负值表明手指不能摸到自己的脚趾，而正值表明手指可以超过脚趾。

表 2-10　坐位体前屈测试评价躯干柔韧性的参考性标准　　单位：厘米

年龄段/岁	柔韧性等级				
	1 分（差）	2 分（一般）	3 分（较好）	4 分（好）	5 分（优秀）
男					
18～20	-0.2～4.4	4.5～9.9	10.0～17.3	17.4～22.7	≥22.8
21～25	-3.2～2.4	2.5～8.3	8.4～16.3	16.4～21.9	≥22.0
26～30	-3.6～0.5	0.6～6.0	6.1～14.4	14.5～19.9	≥20.0
31～35	-7.0～-0.9	-8.0～4.9	5.0～12.9	13.0～18.7	≥18.8
36～40	-8.3～-2.1	-2.0～4.3	4.4～12.4	12.5～17.5	≥17.6
41～45	-9.4～-3.3	-3.2～2.6	2.7～11.0	11.1～17.1	≥17.2
46～50	-10.5～-5.1	-5.0～1.4	1.5～9.9	10.0～15.4	≥15.5
51～55	-11.5～-6.4	-6.3～0.9	1.0～8.8	8.9～14.6	≥14.7
56～60	-13.2～-7.7	-7.6～-0.1	0～7.9	8.0～13.4	≥13.5
女					
18～20	-0.6～3.7	3.8～8.9	9.0～16.1	16.2～20.9	≥21.0
21～25	-3.0～2.4	2.5～7.4	7.5～14.5	14.6～17.9	≥18.0
26～30	-3.0～1.9	2.0～6.4	6.5～13.0	13.1～18.0	≥18.1
31～35	-4.4～0.9	1.0～6.2	6.3～12.5	12.6～17.8	≥17.9
36～40	-5.1～0.4	0.5～5.9	6.0～12.0	12.1～17.5	≥17.6
41～45	-6.4～-0.1	0～4.9	5.0～12.0	12.1～17.4	≥17.5
46～50	-7.2～-1.1	-1.1～4.4	4.5～11.9	12.0～17.2	≥17.3
51～55	-7.5～-1.3	-1.2～4.2	4.3～11.9	12.0～17.0	≥17.1

（二）肩部柔韧性测试

肩部柔韧性测试评价的是肩关节的活动范围。测试方法：站直后，举起右手，前臂向身体后下方弯曲，并尽量向下伸展，同时，用左手从身体后方去触及右手，尽可能地使两手手指重叠。完成右手在上的测试后，以相反方向进行测试（即左手在上）。

两手手指重叠的距离就是肩部柔韧性测试的得分（单位为厘米）。测量手指重叠的距离应取近似值，比如，某一重叠距离为 1.9 厘米，应记为 2.5 厘米；如果两手手指不能重叠，得分应记为-2.5 厘米；如果两手手指刚好碰到，得分应为 0。

在进行肩部柔韧性测试前，应做一个短时间的牵拉练习作为热身活动，并且为了减少受伤，应避免在测试中快速移动。完成测试后，可参考表 2-11 评价肩部柔韧性等级。

表 2-11　评价肩部柔韧性的参考性标准　　单位：厘米

右手在上得分	左手在上得分	柔韧性等级
<0	<0	很差
0	0	较差
+2.5	+2.5	一般
+5	+5	较好
+7.5	+7.5	好
+10	+10	优秀

（三）如何评价柔韧性

即使经常参与体育锻炼，躯干和肩部柔韧性也可能较差。实际上，只有经常进行牵拉练习才可能有超过一般水平的柔韧性。因此，不论目前的柔韧性如何，都应该确立目标，并经常进行牵拉练习来提高自己的柔韧性。

第二篇　球类篇

思政元素：

在运动中健全人格、锤炼意志；能够相互尊重、有效互动、相互包容与合作，展现民主、文明、和谐的价值观；在赛训中倡导自由、平等、公正、法治，不管遇到任何挑战，都能遵守规则、公平竞争、勇于担责、永不言弃、团结协作；保持开放的心态，愿意学习和分享球场上展现爱国、无私、刻苦精神和诚实、守信、善良品质的案例，践行爱国、敬业、诚信、友善的道德规范。

单元三　乒乓球

学习目标：

1. 了解乒乓球运动的特点及功能。

2. 掌握乒乓球运动的基本技术，包括握拍方法、准备姿势、发球技术、接发球技术、攻球技术。

3. 熟悉乒乓球运动的基本竞赛规则。

素质目标：

乒乓球运动以其节奏快、变化多、场地不受限制等特点吸引了大量爱好者，丰富了人们的业余生活和精神世界，可以帮助人们增强意志品质，促进身心健康。

乒乓球是由两名选手或两对选手用球拍在中间隔一网的球台两端轮流击球的一项室内运动。因为球击在拍上和桌面上发出乒乓声响，故称“乒乓球”。

乒乓球运动的特点是球小、速度快、变化多、落点准、趣味性强，具有较强的观赏价值。其使用的设备比较简单，不受参加者年龄、性别和身体条件的限制。经常参加乒乓球运动，可以提高人的灵活性、协调性和快速反应能力，改善人体心血管系统机能和大脑神经系统机能，有利于培养机智、果断、沉着、冷静、进取等优秀品质。

现在主要的乒乓球赛有世界乒乓球锦标赛、乒乓球世界杯赛和奥运会乒乓球比赛三大赛事。

专题一　乒乓球基本技术

乒乓球基本技术主要包括：握拍方法、基本站位与基本姿势、步法、发球、接发球、攻球、搓球、削球、推挡球、弧圈球等。

一、握拍方法

乒乓球握拍方法分为直拍握拍法和横拍握拍法。直拍握拍法包括直拍快攻型握拍法、弧圈型握拍法和直板横打的握拍法；横拍握拍法包括浅握法和深握法。

（一）直拍握拍法

1. 直拍快攻型握拍法

拍柄右侧贴在食指的第三关节处，食指第二关节压住拍柄的右肩；拇指的第一关节压住拍柄的左肩，拇指和食指之间的距离保持适中；其他三指自然弯曲重叠，以中指第一关节托住球拍的背面，使球拍保持稳定。这种握拍方法，手腕较灵活，有利于发球、处理台内小球和击球时的变线。此外，由于灵活性好，变换拍形快，有利于正、反手击球动作的迅速变换，在处理追身球时也比较方便。

2. 弧圈型握拍法

与直拍快攻型握拍法基本相同，但拇指贴在球拍左侧，食指轻轻扣住拍柄，形成一个小环状。中指、无名指和小指自然伸直托住球拍后部。这种握拍法，很自然地把手臂、手腕和球拍连成一体，球拍呈半横状，扩大了正手位照顾的范围。在拉弧圈球和扣杀时，比较容易发挥手臂的力量。缺点是手腕不够灵活，正、反手的快速转换拍形比较困难。

3. 直板横打的握拍法

与弧圈型握拍法基本相同，拇指往里握得深一点，食指移至球拍的边缘处，球拍不能握得太紧，后面其余三指略伸开一些，这样有利于发力及控制拍形。这种握拍法，手腕动作灵活，发球好，变化多。尤其是反手提高了主动进攻和相持的能力。缺点是处理中路或追身球较困难。

（二）横拍握拍法

1. 浅握法

以中指、无名指、小指自然握住拍柄，拇指在球拍的正面轻贴在中指旁边，食指自然斜放于球拍背面，虎口轻贴拍柄，多用于进攻型打法。

2. 深握法

与浅握法基本相同，主要区别在于虎口紧贴拍柄，多用于削攻型打法。

正手攻球时，两种握法都要注意食指用力，必要时可稍微向上移动，帮助压拍。反手攻球时要拇指加力，必要时稍微向上移动，帮助压拍。正、反手削球时，手指基本不动。浅握法的主要优点是手腕比较灵活，缺点是拍形不容易固定，因而发力会受到一定影响。深握法则相反，发力较集中，但手腕不够灵活。

二、基本站位与基本姿势

正确的站位与姿势，有利于迅速启动移动步法，抢占合理的击球位置，发挥自己的技术特长。

（一）基本站位

快攻型：这种类型，左推右攻打法的基本站位在近台中间偏左，两面攻打法的基本站位在近台中间。

弧圈型：以弧圈球为主打法的基本站位在中台偏左的位置。

削攻型：削攻结合打法的基本站位在中台附近，以削为主打法的基本站位在中远台附近。

（二）基本姿势（以右手持拍为例）

两脚开立略比肩宽，通常左脚稍在前一点，两脚的前脚掌内侧着地，略提踵；两膝微屈；上体略向前倾，适度收腹含胸；下颌稍向后收，两眼注视来球；两肩基本同高，持拍手臂自然弯曲置于身体右侧，上臂与前臂的夹角接近 90°，手腕放松持拍于腹前，离身体约 30 厘米；不持拍手自然放于腹前，与持拍手基本同高。基本姿势见图 3-1。

图 3-1　基本姿势

三、步法

步法是乒乓球技术环节中的一个重要组成部分。具有灵活的步法，就能经常保持合适的击球位置，使击球的速度、力量、旋转得以充分发挥。乒乓球的基本步法都是由单步、跨步、跳步、并步（换步）和交叉步等移动方法组成的。

1. 单步移动方法

单步移动是指以一只脚的前脚掌为轴，另一只脚向前、后、左、右不同的方向移动；当移动完成以后，身体重心随之落在摆动脚上，见图 3-2。

2. 跨步移动方法

跨步移动是指将来球方向的同侧脚向侧面跨出一大步，身体重心随即移到摆动脚上，另一只脚随势跟着移动一点，见图 3-3。

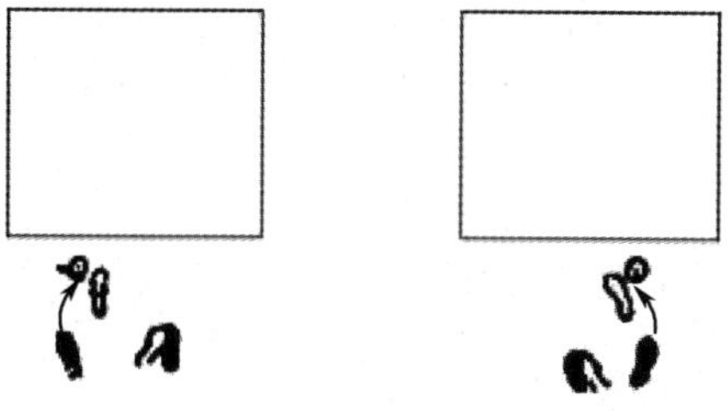

图 3-2　单步移动方法

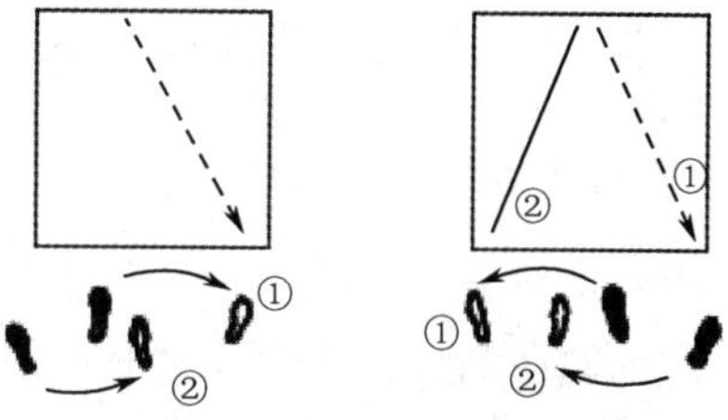

图 3-3　跨步移动方法

3. 跳步移动方法

跳步移动是指身体重心先移动到来球方向的同侧脚上，然后异方向的脚用力蹬地，两脚离开地面向来球方向跳动，蹬地用力大的脚先落地，另一只脚跟着落地，见图 3-4。

4．并步移动方法

并步也称换步，其移动方法与跳步相似，只是没有明显的腾空动作。移动时，一只脚向来球方向移动，另一只脚随即跟着移动一步，见图 3-5。

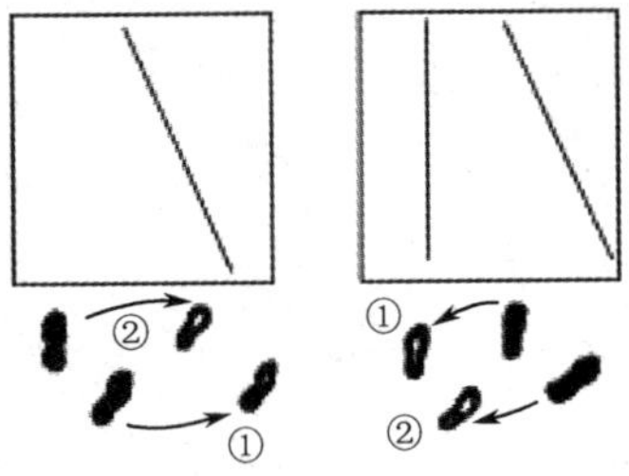

图 3-4　跳步移动方法

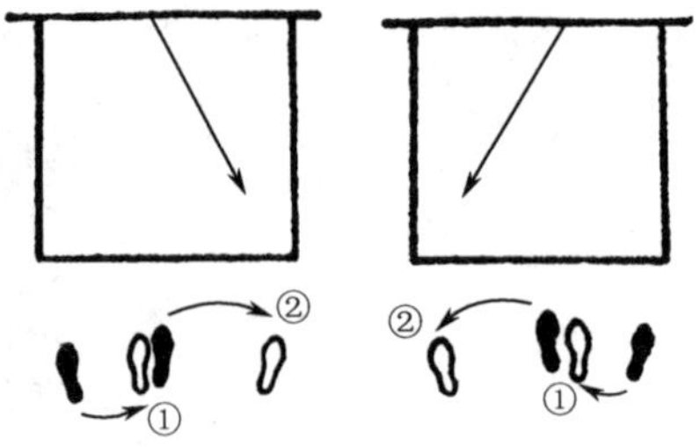

图 3-5　并步移动方法

5．交叉步移动方法

以正交叉步为例，在侧身进攻以后，重心先移到右脚上，身体向右转并随之引拍，接着左脚向右侧跨出一大步，并超过右脚，然后右脚向右侧跨出一步，并超过左脚，在右脚落地的同时完成正手攻球动作，见图 3-6（a）。

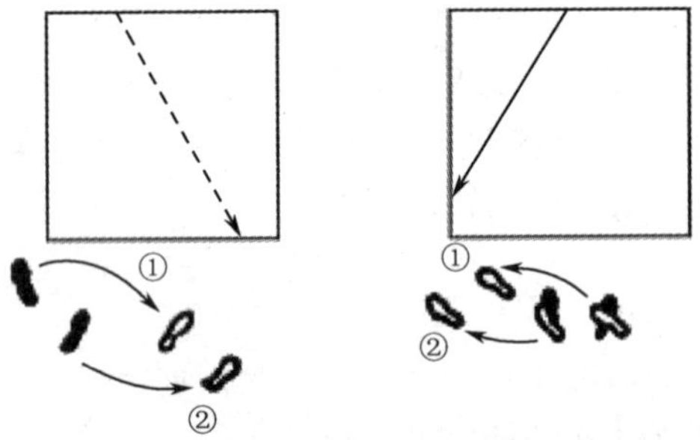

（a）正交叉步　　（b）反交叉步

图 3-6　交叉步移动方法

四、发球

发球有正手发球和反手发球两类。

（一）正手发球

正手发球可分为正手位发球和侧身正手发球。现在大多数练习者更习惯于采用侧身正手发球，因为站在侧身位比较容易发挥正手进攻的威力。

1．正手平击发球

动作要领：发球时持球手将球向上轻轻抛起，同时持拍手向后引拍，上臂自然靠近身体右侧。当球从高点下降时，持拍手以肘为轴，前臂向右前方横摆击球。向前挥拍时，拍面稍向前倾，击球中上部。击球后，第一落点应在球台的中区。

动作特点：动作简单，容易掌握，是初学发球的入门技术。

2. 正手发下旋加转球与不转球

动作要领：持球手将球抛起的同时，持拍手向后上方引拍。发加转球时，手臂自后上方向前下方挥拍，拍面后仰的角度稍大，用球拍顶部靠左的地方摩擦球的底部。发不转球时，球拍的后仰角度稍小，用球拍顶部靠右的地方触球的中下部。触球时前送的动作多，摩擦的动作少。

动作特点：主要以旋转的变化来迷惑对方，争取主动。

3. 正手发左侧上、下旋球

动作要领（见图 3-7）：持球手向上抛球的同时，持拍手向后上方引拍。手腕略挺起，拍头朝斜上方，身体随引拍动作向右转动。发左侧下旋球时，手臂自右后上方向左前下方挥拍，触球的右侧中下部向左侧下部摩擦。发球后可以故意制造一个假动作，将球拍向上拉起（和发左侧上旋球相似），以迷惑对手。发左侧上旋球时，手臂自右上方向左下方挥拍，球拍从球的右侧中下部向左侧面摩擦。拍触球的瞬间，如果能够加大手腕的发力，会对增加球的旋转起到很好的作用。

动作特点：动作隐蔽，手法相似，旋转差距大。

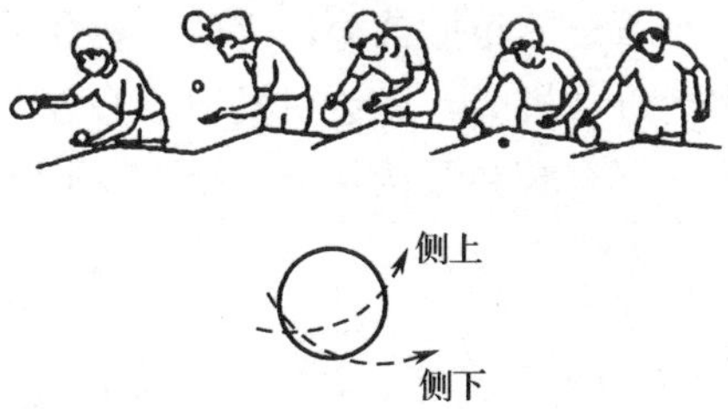

图 3-7　正手发左侧上、下旋球动作要领

（二）反手发球

反手发球的站位一般在半台的四分之一或三分之一处。两脚开立，右脚在前，左脚稍后，身体略微向左倾斜。球放在掌心中，并略高于台面。

1. 反手发右侧上、下旋球

动作要领：抛球后，持拍手向后上方引拍，拍面稍向后仰。发右侧下旋球时，持拍手由左后上方向右前下方挥拍，触球时拍面从球的左中下部向右下部摩擦。球发出后，球拍继续向右上方挥动，使动作和发右侧上旋球相似，借以迷惑对手。发右侧上旋球时，持拍手由左上方经过身前向右下方挥拍，触球时拍面从球的左中下部向右侧上部摩擦。如发长球，第一跳要在球台端线附近；如发短球，第一跳要在球台中部。

动作特点：动作相似，旋转变化大，比赛中结合运用，会增加对方接球难度。

2. 反手发轻短球

动作要领：持球手向上抛球，同时持拍手向后上方引拍（注意不是后方）。当球下降至比球网稍高时，前臂向前下方轻微用力送出，拍面向后仰，触球中下部并向底部摩擦。球离开球拍后，第一跳应该在中台附近。反手发轻短球和反手发急上旋长球或发反手侧上、下旋长球结合使用，常会产生非常好的效果。

动作特点：力量轻、落点靠近球网，使对方难以发挥技术优势。

（三）发球练习方法

（1）持拍模仿发球动作。

（2）进行抛球与挥拍分解练习。

（3）进行单人完整发球结合多球练习。

（4）两人合练发球与接发球动作。

（5）进行多种发球技术相结合的练习。

（6）进行变换落点的练习，将球发到规定的范围内。

五、接发球

接发球是乒乓球技术中一个重要的组成部分，它的重要性不言而喻。比赛中如果接发球技术不好，不仅会给对手较多的进攻机会，还会引发自己心理上的恐惧，甚至直接导致全局的失败；反之，如果接得好，不仅有时会直接得分，还可以破坏对方的抢攻计划，继而增加自己必胜的信心。

（一）接发球的注意事项

1. 选择合适的站位

根据对方发球位置选择站位。一般来说，对方站在球台的右角发球，接发球站位应靠右一些；对方站在球台的左角发球，接发球站位应靠左一些。对方究竟要发什么样的球，有时很难预料，所以选择站位还要有利于照顾球台的各个部位，站位不宜过远或过近，一般离球台 30～40 厘米。

2. 准确识别发球的旋转和落点

接发球的关键是注意球拍与球接触瞬间的球拍触球部位、球拍移动方向和用力程度。一般来说，对方发斜线球，手臂常会向斜前方用力；对方发直线球，手臂会由后向前用力；发球时手腕抖动摩擦球体，旋转会较强。要盯紧球拍触球瞬间的动作，只有这样才不会被对方的假动作所迷惑。

3. 区别不同性能的球拍

在遇到使用长胶粒与反贴胶皮相结合的两面不同性能球拍的对手时，可以听对方球拍击球的声音来区别不同的旋转。一般来讲，击球声音较响的那一面是长胶粒，声音不太响的那一面是反胶或正胶拍。

（二）基本接发球方式

对方发旋转球，一般逆着对方发球旋转方向进行还击，如回接左侧旋发球，拍面方向和用力方向略朝左侧偏斜；回接右侧旋发球，拍面方向和用力方向略朝右侧偏斜；回接上旋发球时，拍面略微朝前倾，用力方向略向下；回接下旋发球时，拍面略微朝后仰，用力方向略向上；回接左侧上（下）旋发球时，拍面略微朝前倾（后仰），拍面方向略朝左侧偏斜，多向左下（上）方用力击球；回接右侧上（下）旋发球时，拍面略微朝前倾（后仰），拍面方向略朝右侧偏斜，多向右下（上）方用力击球。

六、攻球

攻球技术分为正手攻球、反手攻球和侧身攻球三大部分。各部分分别包括近台攻球、中远台攻球、快拉球、扣杀球、台内攻球、攻弧圈球等各种技术。

（一）攻球的基本技术

1. 正手近台攻球

正手近台攻球是对攻中常用的一项技术，具有站位近、动作小、速度快、有一定力量等特点，可以为扣杀创造机会，也可以直接得分。

动作要领（见图 3-8）：左脚在前，右脚稍后，离台约 40 厘米。击球前，稍向右转体，引拍至身体右侧。上臂与躯干的夹角约为 30°～40°。前臂与地面略平行，以前臂发力为主，拍面略向前倾，触球中上部，以向前上方发力为主。触球时，拇指压拍，食指放松，前臂旋内；击球后，球拍顺势挥至额前左侧，身体重心随挥拍击球动作由右脚移至左脚上。球击出后，迅速还原，手臂放松，准备下一板击球。

图 3-8 正手近台攻球动作要领

2. 正手中远台攻球

中远台攻球是攻球运动员在中远台对攻时常用的一种技术，特点是力量较大、进攻性较强。

动作要领：站位中远台，准备姿势和引拍动作与正手近台快攻相似，但整个手臂随着腰的转动转向右后方，拉开上臂与身体的距离。转体向前挥拍，上臂带动前臂发力，手腕控制拍面角度向前倾，球拍触球中上部，在下降期将球击出。为了增大击球力量，在此过程中要注意腰腿力量的协调配合。正手中远台攻球时，采用的步法大多是交叉步或跨步向右侧后方移动。击球后，迅速放松还原，调整身体重心，准备下一次击球。

3. 正手扣杀球（杀高球）

正手扣杀球具有力量大、速度快、攻击性强的特点，常用来还击各种机会球，或迫使对方出高球，自己取得主动。

动作要领（见图 3-9）：站位的远近要视来球的长短而定，击球前，整个手臂随腰部的转动向后引拍，引拍幅度比较大，以便发挥较大的击球力量。手臂先由下向上挥拍，身体重心也逐渐上升，当球拍接触球时，手臂再由前上方向前下方用力，手腕控制拍面向前倾，球拍触球中上部将球击出。挥拍过程中，应该使右脚蹬地的力量、腰部转动的力量和整个手臂向前向下挥动的力量协调配合，并在触球时集中于球上。击球后，由于动作幅度较大，身体已向左方偏斜，重心一般会落在左脚上，此时要注意迅速还原，准备下一次击球。

图 3-9　正手扣杀球（杀高球）动作要领

4. 反手近台攻球

反手近台攻球的特点是站位近、动作小、速度快、进攻性强，常用来为正手攻球创造机会，也可直接得分。

动作要领：站位中近台，两脚平行或右脚稍前站立。击球前，上体向左转，引拍至腹前左侧，上臂贴近身体，前臂与台面平行。击球时，以前臂发力为主，食指压拍控制拍面角度，前臂向外旋，在来球上升期击球中上部。前臂和手腕由左向右前上挥动。击球后，身体重心随挥拍的击球动作，由左脚移至右脚上。

5. 反手快拨

反手快拨具有站位近、动作小、落点变化快的特点。它虽有一定的速度，但力量较差，应与其他攻球技术结合运用。

动作要领（见图 3-10）：击球前的准备姿势和引拍动作与反手近台攻球相似。前臂约与地面平行，肘部略向前。击球时，前臂迅速伸入台内迎球，手腕控制拍面向前倾，以肘关节为轴，带动手腕向右前上方挥动。在来球的上升期击球，球拍触球的中上部。

图 3-10　反手快拨动作要领

6. 侧身攻球

侧身攻球力量大、杀伤力强，如来球在自己的反手位，此时可借助步法的移动和身体的转动，侧身用正手在反手位攻球。

动作要领：侧身攻球时，先将右脚往左后方跨一步，然后左脚往左侧移一步（转腰）并出手击球。击球前，重心在右脚上；击球后，身体重心全落在左脚上，然后还原。

（二）攻球的练习方法

（1）持拍模仿练习，由单一攻球过渡到连续攻球。
（2）进行对墙攻球练习，自己抛球，然后攻球。
（3）两人练习，一人发球，一人攻球，要求发球到攻球者的顺手位。
（4）进行多球练习，连续攻球。
（5）进行控制落点的攻球练习。
（6）两人练习，一人攻球，一人推挡。

七、搓球

搓球是指用类似削球的动作，在近台回击对手下旋来球的一种击球方式，既是一项重要的过渡技术（接发球），又是某些战术的重要组成部分，如搓中突击、搓中拉弧圈、拉与搓结合等。

（一）搓球的基本技术

根据击球方位的不同，搓球可分为正手搓球和反手搓球；根据击球时间的不同，可分为慢搓和快搓；根据旋转强度的不同，可分为加转搓球和不转搓球，以及摆短、搓侧旋等多种技术。

1. 正手慢搓

正手慢搓的特点是回球速度慢，击球时间晚，与快搓结合运用可改变击球节奏，利用旋转的变化为进攻创造机会。

图 3-11　正手慢搓动作要领

动作要领（见图 3-11）：身体距球台端线约 40 厘米。两脚开立略平行，两膝微屈并收腹，身体重心置于两脚之间略偏左脚。引拍时，右脚往右前方跨一小步，重心落在右前脚掌上。右上臂微离身，前臂向右上方提拍，肘部自然弯曲，前臂与上臂约成 110°。手腕随前臂自然向上提，使拍形稍向后仰。来球从台面弹起时，前臂向左前下方挥动略向外旋，手腕辅助前臂发力，在下降期击球（击球中下部），手腕朝前送，并向前发力。右手臂发力时，上体微向左转，身体重心回至两脚间，击球结束后，迅速还原。

2. 反手慢搓

动作要领（见图 3-12）：准备姿势同正手慢搓。引拍时，左脚稍向左方（略偏后）轻轻移动一小步，上体左侧略向上提并收腹，身体重心转向左脚。右上臂微离身向左摆动，前臂向上方提拍，使球拍至左胸高度，肘部自然弯曲，前臂与上臂约成100°。手腕随前臂自然向上提，使拍形稍向后仰。来球从台面弹起至高点开始回落时，前臂向内旋向右前下方挥拍，手腕辅助前臂发力，保持拍形后仰状态，在下降期中段摩擦球的中下部。

图 3-12　反手慢搓动作要领

3. 正、反手快搓

正、反手快搓的特点是回球速度快，击球时间较早，可变化击球节奏，用于对付对方发过来或削过来的近网下旋球，利用旋转变化为进攻创造机会。

动作要领：准备姿势同正手慢搓。击球前拍面稍向后仰，手臂迅速向前迎球，在上升期击球，根据来球旋转程度调节拍面角度和用力方向。

4. 加转搓球与不转搓球

快、慢搓球均可搓出转与不转球，可以迷惑对方，造成回球的难度，有效地为进攻创造机会。

加转搓球，用球拍的下部触球，前臂和手腕向前向下用力擦击球。不转搓球，用球拍上部和中部触球，触球时，前臂和手腕向前用力碰球。

（二）搓球的练习方法

（1）持拍模仿练习。

（2）进行对墙搓球练习，自抛自击。

（3）两人练习，一人发球，一人搓球，要求发球到攻球者的顺手位。

（4）两人练习斜线对搓。

八、削球

削球是一种积极防御性技术，一般站位离台较远，击球时间较晚，以慢制快，以旋转落点变化来控制对方，造成对方被动和失误，为自己赢得主动。

根据来球情况不同，削球可分为削加弧圈球、削轻拉球、削突击球、削追身球、扑近网短球；根据来球的方位不同，可分为正手削球、反手削球；根据击球的位置不同，可分为近削和远削。

动作要领：两脚开立，正（反）手削球，右（左）脚在后。准备击球时，两膝弯曲，上体向右（左）转，屈臂向右（左）上方引拍至右（左）肩侧，拍面竖直或稍向后仰，重心落在右（左）脚上。击球时，执拍由右（左）上方向左（右）前下方弧线挥动，配合上体向左

（右）转，根据击球时间，擦击球的中下部。触球瞬间，前臂加速挥摆，手腕辅助发力。击球后，球拍随势向前送，重心移至左（右）脚上。

九、推挡球

推挡球是直拍左推右攻（拉）打法的主要技术之一。其特点是站位近台，动作小，速度快。它可以在快的前提下，结合力量和旋转变化来控制对手，为正手进攻创造条件。推挡球包括平挡、快推、加力推、推下旋、推挤、减力挡和搓中推七种。

（一）推挡球的基本站位

推挡时站位近台，根据运动员身高的不同，离台距离可以稍有不同，为 30～50 厘米，并且一般站在球台的左三分之一处；两脚分开，比肩稍宽；左脚在前，右脚稍后，这样做是为了方便正手进攻；上体稍向前倾，身体重心在两脚之间，两膝微屈；握拍时，食指稍用力，拇指放松，使球拍保持垂直或前倾状态；上臂和肘部自然靠近身体右侧，肩部放松。

（二）推挡球的基本方法

1. 平挡

平挡是借力还击，力量小，速度慢，线路短，对方进攻时可将其作为一种防御手段。

动作要领：拍面为近乎垂直状态，略高于台面，上升前期触球，借来球反弹力将球挡回。

2. 快推

快推技术一般适用于对付旋转较弱的拉球、推挡球、攻球和力量不大的突击球。特点是回球速度快，落点变化多。

动作要领（见图 3-13）：击球前上臂、前臂适当后撤引拍，动作要小。持拍手上臂和肘关节内收，前臂略向外旋。击球时，手臂迅速向前，在来球的上升期触球。触球一刹那，手腕稍向外旋，使球拍触球的中上部，手臂主要向前，辅带向上发力。击球后，随势挥拍，迅速还原，准备还击下一板球。

图 3-13　快推动作要领

3. 加力推

加力推的回球力量大、速度快、落点有变化，主要适用于对付旋转较弱、速度较慢的上旋来球或较轻的攻球及推挡。

动作要领：击球前，上臂、前臂后撤引拍幅度比快推大一些，前臂适当提起，肘部贴近身体。上臂、前臂、手腕向前迎推来球，配合腰、髋的转动增大发力。在上升期或高点期击球的中上部。触球时，食指用力，使球拍保持前倾状态，并用中指顶住球拍背面辅助用力。击球后，放松还原，准备还击下一板来球。

4. 减力挡

减力挡的回球弧线低、落点短、力量小，一般在加力推或正手发力冲拉迫使对手退台防守时使用。

动作要领：击球前，引拍动作不用撤手臂，前臂略微弯曲使球拍稍稍提高，拍面保持前倾状态。来球在拍面弹起时，身体重心略微升高，手臂迅速向前迎球。在上升期触球的中上部，整个挥拍动作用力很小。在球拍触球的一瞬间，手臂和手腕稍向后收，以减小来球的前冲力。击球后，迅速放松还原，准备还击下一板击球。

（三）推挡球的练习方法

（1）持拍模仿练习。
（2）进行对墙连续推挡球练习。
（3）练习用推挡技术接发球，要求发球难度要低。
（4）进行两人对推练习，包括对推直线和对推斜线练习。
（5）两人练习，一人攻球，一人推挡。

十、弧圈球

弧圈球技术是一种融旋转与速度为一体的现代乒乓球进攻技术，其特点是上旋强、速度快、变化丰富、适应广泛。

（一）正手加转、前冲弧圈球

动作要领（见图 3-14）：站位与正手攻球相似，离台略靠后一点。引拍时，手臂随重心向后下方摆动，拉加转时，手臂下沉（左高右低）；拉前冲时，手臂后引，双肩基本平行转动。击球瞬间，快速收缩前臂；击球时，拉加转多在下降前期，拉前冲球多在高点期。拉加转球，向上多于向前，摩擦多，击打少；拉前冲球，向前多于向上，向前摩擦加击打，摩擦球的中部或中上部。击球后迅速还原，准备还击下一板来球。

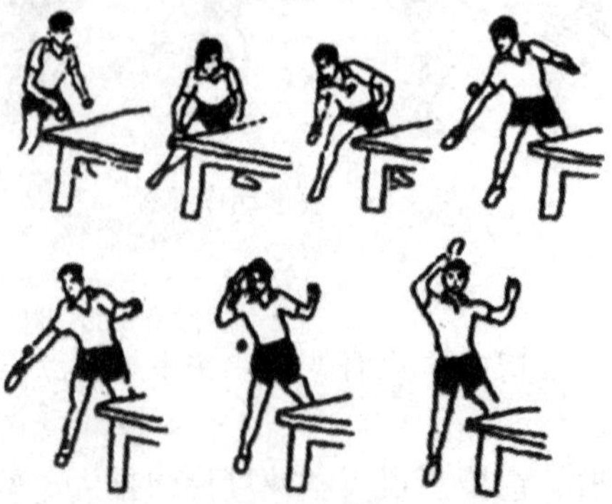

图 3-14　加转弧圈球与前冲弧圈球动作要领

（二）反手拉弧圈球主要技术

反手拉弧圈球是横拍两面拉打法的一项主要技术。其技术特点与正手拉弧圈球相同。此技术常用来对付下旋发球、搓球和一般速度的攻球以及中台对冲。

动作要领：身体距球台端线约 70 厘米，两脚平行或右脚稍前，重心置于两脚之间或稍偏右脚。引拍时，身体重心下降，落在两脚前掌上，左腿撑地，右膝弯曲，重心移到左脚上，同时髋关节向左转（重心要稳）。右上臂离身随上体略往左摆，肘部自然置于身前，前臂往左后下方低沉，手腕略后屈使拍形呈前倾状。

当球从台面弹起，左腿向前上方蹬地，推动髋关节左侧向前转，重心向前移，带动上体、上臂由左向右转，前臂由左后下方向右前上方做弧形挥动。在来球的高点期或下降期前段击球，发力摩擦球的中上部。加转弧圈球的发力方向是向上为主略带向前，而前冲弧圈球则是向前为主略带向上。球离拍后，迅速放松，用一小跳步使重心还原。

（三）回接弧圈球的常用方式

回接弧圈球的常用方式大致包括平挡、推挡、弹打、反手挤切、快带、反拉等，但都要求拍形角度较小，能盖压住弧线。

（四）弧圈球的练习方法

（1）持拍模仿拉弧圈球的动作。

（2）两人练习，一人发球，一人拉弧圈球，要求球要出台，并发到接球者顺手位。

（3）两人练习，一人快带或推挡斜线，一人连续拉弧圈球。

（4）结合其他技术练习拉弧圈球，如发球抢攻、接发球抢拉等。

专题二　乒乓球基本战术

技术是战术的基础，战术又能促进技术的发展。技术越高，就越能实现战术的要求；在水平接近的情况下，谁的战术运用合理，谁就能掌握比赛的主动权，夺得比赛的胜利。

一、发球抢攻

发球抢攻是快攻型打法，利用发球力争主动、先发制人的一项主要战术，是比赛中的重要得分手段。发球运用得好，常能打乱对方的战略部署，造成对方的慌乱。特别是在关键时刻，发球抢攻战术更为重要。常用的有下列几种：

（1）反手发侧上、下旋短球至对方中间偏右处，配合发两大角长球，然后伺机抢攻。此战术比较适合反手进攻能力较强的选手使用。发近网短球后，如对方用搓球或轻挑回接，就可以用反手攻、横打拉冲或正手攻球等技术攻击对方的反手。为了避免千篇一律，使对方有所准备，还要配合发两大角的长球。一般发到对方正手时，对方常会用轻拉回接，此时反手位可用加力推，横打快撕，正手位可用攻球技术抢攻；发到对方反手时，若对方轻拉，则可伺机侧身抢攻，赢得主动。

（2）反手发急球后抢推、抢攻。反手发急下旋球到对方反手后，侧身抢攻。这时对发球的要求较高，必须发得快、力量足、落点靠近底线，如有一个直线长球做配合则效果更佳。反手推挡技术好的选手，可以发急下旋球至对方反手。由于此发球既急又带有下旋，对方不易发力回击，如果向上托起，便可乘机加力推压或侧身抢攻。需要注意的是，如果对方站位较远，且反手拉球技术较好，运用该战术就要小心。通常可以先发短球将对方引至近台，再发急下旋长球，方能奏效。

（3）侧身发转与不转球后抢攻。这套发球抢攻战术为目前各种进攻型选手所喜欢。一般发近网短球到对方中路或反手位，之后抢先上手。运用这套发抢战术时，先发下旋球为宜，以控制对方，使其不能上手抢攻或抢位，再发不转球进行抢攻。当然，如果对方对接发球判断较好，常会以短制短，这时要切忌盲目抢攻，造成不必要的失误。可以先快搓对方两大角长球，再伺机抢攻。

（4）侧身发高、低抛左侧上、下旋球后抢攻。站在侧身位用正手发高、低抛左侧上、下旋球至对方近网中路或左大角，配合直线奔球，然后伺机抢攻。运用这套发抢战术时要注意，发短球要尽可能发得短而且不出台；发长球要敢于发力，把旋转发足，角度发开，不要担心被对方拉冲，只有发足了旋转和力量，才能有效限制对方的发力拉冲或使其拉球失误。如果对方用轻拉回接，就要鼓起勇气，大胆抢攻。左手执拍的选手采用此套发抢战术，威胁会更大一些。他们一般用侧身高抛发球至对方右方近网，由于角度较大且球带有侧拐，对方较多用轻拉回接至反手，此时就可以用加力推挡狠压对方直线，或进行侧身抢攻，效果较好。

以上是快攻型打法最常用的几种发抢战术，练习者在学习时，要至少掌握其中的两种，一种为主、一种为副，穿插使用。

二、搓攻战术

搓攻是直拍近台快攻型打法对付攻球和削球选手的辅助战术之一。它主要利用搓球旋转和落点的变化，为进攻创造机会。

（1）快搓短球为主，配合搓长球至对方两大角伺机进攻。这是对付进攻型打法主要的搓攻战术。先用搓短球特别是加转短球，控制对方的抢攻，如果对方回搓短球，则可伺机运用“快点”抢攻；如果对方站位靠近球台，就快搓长球至对方两个方角，以反手大角为主，然后伺机侧身抢攻。

（2）先搓反手大角，然后变直线伺机抢攻。此战术主要用来对付反手进攻能力较弱的攻球选手。先控制对方反手大角寻找机会，如果对手准备侧身抢攻，就变直线到其正手，然后伺机抢攻。

（3）搓转与不转球至不同落点，伺机突击中路或两角。这是对付削球选手的搓攻战术。对进攻能力较强的选手以搓短球为主，对稳削选手则可长短结合，搓转后再搓不转，出现机会后突击或扣杀，以打中路为主，配合两角。

三、对攻战术

弧圈球打法的对攻战术以加转和前冲弧圈球为主要进攻手段，配合速度和落点的变化与对方展开相持。横拍弧圈选手的对攻战术主要是由正、反手的弧圈、快带，反手的快攻、快拨和弹击等技术，以及其旋转、落点和速度的变化组成的；直拍弧圈选手的对攻战术则主要是由正手弧圈球和反手推挡，正、反手的攻球与反手横打，以及落点、速度、旋转的变化组成的。弧圈球选手常用的对攻战术有以下几种。

（1）用加转弧圈球连拉对方反手，然后伺机抢冲，这是弧圈球打法的基本战术之一。横拍选手主要用正、反手的加转弧圈球控制对方反手位，迫使对方只能用反手回接，然后伺机侧身或用反手抢冲两角或中路。直拍弧圈球选手主要以正手单面拉球为主，因此在侧身连拉对方反手时，击球要有一定质量，否则被对方主动变线后反而会造成自己被动奔走的局面。这种战术通常在弧圈球选手前三板主动上手后使用，效果也比较好。

（2）从右路突破，伺机抢冲。在对付直拍近台快攻打法时，弧圈球选手也常常使用从对方右路突破的战术。因为一般来说，直拍选手反手推挡弧圈球的能力都比较强，右方接弧圈球的能力相对较差，所以从右方突破相对容易。

（3）拉中路、冲两角。当对方正、反手两面接弧圈的能力都比较强时，可拉速度较快的加转弧圈球从对方的中路突破。由于在接中路追身球时必须闪身或移动步法让位，所以一般回球质量不会太高，此时可乘机抓住机会冲杀对方两个大角得分。

（4）近台利用快速的推挡、快拨、快带等技术控制落点，伺机反拉、冲。当对方抢先主动上手时，横拍选手可用正、反手的快拨和快带技术，以落点变化控制对方，使对方不能发力冲、扣；当其回球质量下降时，则可伺机反拉或反冲，从被动转为主动。直拍选手可用反手推挡和正手快带等技术严密控制落点，然后伺机反拉或反冲。在对付弧圈球打法的选手时，也可以采用推挤或减力挡技术，击球至对方中路附近，使对方来不及上前发力冲弧圈而只好用轻拉等技术过渡，然后趁机反冲回头。但是运用此战术对反手控制弧圈球的能力要求较高，推挤或减力挡时出手要快，弧线要低，否则很容易回出高球而被对方上前冲、扣；同时，掌握熟练的反拉技术也必不可少，否则会错失良机。

（5）中、远台对拉弧圈球。对于两名弧圈球打法的选手来讲，这意味着两人有更多的机会站在中、远台对拉弧圈球。因此，对拉弧圈球也成为弧圈球打法选手最重要的战术之一。在对拉时，如果对方不能发力拉回，自己可主动向前迎球大力拉冲，此时较为主动；如果对方可以发力拉回，就不可盲目大力冲杀，以免造成不必要的失误。可耐心与对方周旋，形成双方对拉的局面。在两名弧圈球选手对拉时，一般斜线较多。如果在双方对拉的过程中能够主动变为直线，常常会取得较好的效果。但是直线球线路短，加之又要突然改变发力方向，难度较大，容易失误。如果确认自己对拉基本功不如对方，就必须想办法主动变线。

专题三　乒乓球竞赛规则简介

一、常规乒乓球竞赛规则简介

1. 合法发球

发球开始时，球自然地置于不持拍的手掌上，手掌张开，保持静止。发球员需用手将球几乎垂直地向上抛起，不得使球旋转，并使球在离开不执拍的手掌之后上升不少于16厘米，球下降到被击出前不能碰到任何物体。当球从被抛起的最高点下降时，发球员方可击球，使球首先触及本方台区，然后越过或绕过球网装置，再触及接发球员的台区。在双打中，球应先后触及发球员和接发球员的右半区。

2. 合法还击

对方发球或还击后，本方运动员必须击球，使球直接越过或绕过球网装置，或触及球网装置后，再触及对方台区。

3. 重发球

回合出现下列情况应判重发球：

（1）如果发球员发出的球，在越过或绕过球网装置时，触及球网装置，此后成为合法发球或被接发球员及其同伴阻挡。

（2）如果接发球员或接发球方未准备好时，球已发出，而且接发球员或其同伴均没有企图击球。

（3）由于发生了运动员无法控制的干扰，而使运动员未能合法发球、合法还击或遵守规则。

（4）裁判员或副裁判员暂停比赛。

（5）在双打时，运动员错发、错接。

4. 得1分

除被判重发球的回合，下列情况运动员得1分：对方运动员未能合法发球；对方运动员未能合法还击；运动员在发球和还击后，对方运动员在击球前，球触及了除球网装置以外的任何东西；对方击球后，球越过本方端线而没有触及本方台区；对方阻挡；对方连击；对方用不符合要求的拍面击球；对方运动员或他穿戴的任何东西使球台移动；对方运动员或他穿戴的任何东西触及球网装置；对方运动员不执拍手触及比赛台面；双打时，对方运动员击球次序错误；执行轮换发球法时，接发球运动员或其双打同伴，包括接发球一击，完成了13次合法还击。

5. 判定一局比赛和一场比赛的胜负

在一局比赛中，先得11分的一方为胜方。10平后，先多得2分的一方为胜方。一场比赛由奇数局组成，一般为 3 局 2 胜制或 5 局 3 胜制或 7 局 4 胜制。

二、竞赛形式

（一）竞赛的类型

1. 奥运会乒乓球比赛

奥运会乒乓球比赛设男子单打、女子单打、男子团体和女子团体 4 个项目，2020 年东京奥运会增加了混合双打项目。

2. 世界乒乓球锦标赛（简称“世乒赛”）

世乒赛设男子团体、女子团体、男子单打、女子单打、男子双打、女子双打、混合双打 7 个项目。

3. 乒乓球世界杯赛

男、女世界杯赛，每年举行一次，由国际乒联公布的最新世界排名的前 16 名运动员及各洲冠军等参赛。

（二）常用的竞赛组织方法

乒乓球比赛常用的竞赛组织方法有循环赛（单循环赛、分组循环赛和双循环赛）和淘汰赛（单淘汰赛、单淘汰附加赛和双淘汰赛）。

单元四　羽毛球

学习目标：

1. 了解羽毛球运动的发展历史、特点及功能。

2. 掌握羽毛球运动的基本技术，包括握拍方法、发球技术、接发球技术、击球技术、步法等。

3. 熟悉羽毛球运动的基本竞赛规则。

素质目标：

羽毛球运动是一项受众广泛、老少皆宜的运动项目，集竞技性与趣味性于一体。通过学习羽毛球运动的基本技术和战术，可以有效提高运动水平，在运动中释放压力，促进身心健康。

羽毛球是一项在室内外均可进行的小型球类运动。比赛时，一人或两人为一方，中隔一网，用球拍经网上往返击球，使球落到对方场地上，或使对方击球失误而得分。

1893 年，英国成立了世界上第一个羽毛球协会。1981 年 5 月，国际羽毛球联合会和世界羽毛球联合会正式合并，仍称为国际羽毛球联合会，2006 年改名为羽毛球世界联合会（简称世界羽联）。目前，世界羽联已拥有 100 多个协会会员。世界羽联举办的比赛有汤姆斯杯赛（男子团体）、尤伯杯赛（女子团体）、世界锦标赛（单项比赛）和全英锦标赛（非正式传统单项比赛）等。

羽毛球是一项为广大群众喜爱的体育运动项目，它具有球小、速度快、变化多等特点。运动器材设备比较简单，在室内、外都可以进行。运动量可大可小，不同年龄、性别和身体条件的人都可以参加。在我国，喜爱并参与这项运动的人非常多。

专题一　羽毛球的基本技术

羽毛球运动的基本技术包括握拍方法、步法、发球、后场高空击球、吊球、杀球、网前球等。

一、握拍方法

羽毛球运动是以运动员手握球拍还击球的方式进行的，所以握拍就成了初学者首先要掌握的基本技术之一。

1. 正手握拍

握拍之前，先用左手拿住球拍，使拍面与地面垂直；再张开右手，使手掌下部靠在球拍的握柄底托部位，虎口对着球拍框，小指、无名指、中指自然并拢，食指与中指稍稍分开，自然弯曲并贴在拍柄上，见图 4-1。

2. 正手搓球握拍

在正手握拍的基础上，拇指、食指稍松开，使拍柄离开掌心，拇指斜贴在拍柄内侧的上小棱边上，食指稍向前伸，使第二指关节斜贴在拍柄外侧的宽面上。

图 4-1 正手握拍

3. 正手勾对角握拍

在正手握拍的基础上，拍柄稍向外转，拇指斜贴在拍柄内侧的宽面上，拍柄不贴掌心。

4. 反手握拍

反手握拍是在正手握拍的基础上，用拇指和食指把球拍框往外转，拇指前内侧部位贴在拍柄的宽面上，食指向中指、无名指、小指靠拢并握住拍柄，柄端靠近小指根部。通常反手握拍的时候，手心与拍柄之间有一定的间隙，这种握拍法有利于手腕力量和手指力量的灵活运用。

5. 反手搓球握拍

在正手握拍的基础上，拇指、食指、中指和无名指稍松开，拍柄离开掌心，同时使球拍向内转，拇指贴在拍柄内侧的上小棱边上，食指第三指关节贴在拍柄外侧的下棱边上。

6. 反手勾对角握拍

在正手握拍的基础上，拇指、食指、中指和无名指稍松开，拍柄离开掌心，同时将拍柄向内转动，拇指第二指关节的内侧贴在拍柄的上小棱边上，食指第二指关节贴在拍柄的下中宽面上，其余三指自然抓在下中宽面和拍柄内侧的宽面上。

二、步法

进行羽毛球比赛时，运动员在场上为了跑到适当的位置击球，而采取的快速、合理、准确的移动方法，称为步法。羽毛球步法大致分为三大类：一是上网步法，二是后退步法，三是中场两侧移动步法。在实战中常运用跨步、垫步、蹬步、并步、交叉步、腾跳步等综合步法。

（一）上网步法

上网步法是指从场地中央位置向网前移动的步法。上网前的站位及准备姿势：站位取中心位置，两脚左右开立（稍分前后），约同肩宽，重心在两脚前掌上，后脚跟稍提起并左右微动；上体稍向前倾，右手持拍于体前，两眼注视对方的来球。下面介绍两种常用的上网步法。

1. 跨步上网

以右侧跨步上网为例。判断准对方来球后，迅速将重心移到右脚上，左脚掌内侧用力蹬地向来球方向迈出一步。当左脚着地时，右脚加速蹬地向前跨出，左腿用力蹬地使右脚向前跨一大步，依照从脚跟到脚掌外侧的顺序着地，再过渡到前脚掌，上体稍向前倾，右膝关节弯曲并呈弓箭步。前腿用力缓冲，控制住身体，左脚自然地向前脚着地的方向靠小半步，保持正确的击球姿势。击球后，右脚前掌内侧蹬地用交叉步或并步回到中心位置。左侧跨步上网，动作方法同右侧跨步上网，但方向相反。

2. 垫步或交叉步上网

以右侧垫步或交叉上网为例。判断准对方来球后，右脚先迈出一小步，左脚立即向右垫一小步（或从右脚后交叉迈出一小步）。左脚着地后，脚内侧用力蹬地，右脚再向网前跨一大步呈弓箭步，紧接着左脚自然地向前脚着地的方向靠小半步，身体重心在前脚上。击球后，前脚朝后蹬地，用小步、交叉步或并步退回中心位置。左侧垫步或交叉步上网，动作方法同右侧垫步、交叉步上网，但方向相反。

（二）后退步法

从中心位置移动到后场各个击球点上击球的步法，称为后退步法。后退步法分为正手后退步法和反手后退步法两种。

1. 正手后退步法

正手后退步法有并步、交叉步和跨步等，实战中可根据场上情况和个人特点灵活使用，以下介绍交叉步后退步法。这种步法的特点是移动范围大，回击端线附近的球多用这种步法。

判断准对方来球后，先调整重心至右脚上，然后右脚蹬地迅速向右后撤一小步，同时上体向右转，左肩对网。接着，左脚从右脚后交叉后撤一步（或用并步靠近右脚），右脚再向后移至来球位置。当右脚着地时，迅速向上蹬，使击球点增高，同时左脚向身后伸出。当击球完成后，左脚以前脚掌先着地，然后右脚着地，左脚着地时将缓冲、制动、回蹬等步骤紧凑连接起来，使身体迅速返回球场中心位置。

2. 反手后退步法

反手后退时，应根据离球的远近调整、移动步子。如果离球较近，应采用两步后退步法；离球远时，则要采取三步后退步法。

两步后退步法：一种是左脚先向后方撤一步，接着上体向左转，右脚向左后方跨一步，背对球网，移至反手击球位置；另一种是右脚先向左并一步，然后左脚向左后方跨一步，同时上体向左转，右肩对网，移至反手击球位置。

三步后退步法：三步后退时，右脚先向左并一步，左脚再向左后方撤一步，同时上体向左转，右脚再向左后方跨一步至来球位置，背对球网，反手击球。

（三）中场两侧移动步法

从中心位置向左右两侧移动到击球点上击球的步法，称为中场两侧移动步法。中场两侧移动步法多用于接对方的扣杀和打来的半场低平球。其移动前的准备姿势及站位基本同上网步法。

1. 向右侧移动步法

向右侧蹬跨步法：启动后，左脚掌内侧用力起蹬，右脚向右侧跨出一大步（重心落在右脚上，脚尖偏向右侧，以脚趾制动），上体略向右侧倒（根据击球点的高低来确定侧倒的程度）以正手击球。击球后，右脚前掌回蹬，回中心位置。这种步法适合在来球距身体较近时使用。

向右侧垫步步法：启动后，左脚向右并一步，左脚一着地就用力向右蹬，使右脚迅速向右跨出一大步，右脚着地后腿呈弓箭步，身体略向右侧倒，出手击球。击球后，右脚前掌回蹬，回中心位置。这种步法适合在球距身体较远时使用。

2. 向左侧移动步法

面对球网移动步法：启动后，右脚掌内侧用力起蹬，同时向左转体，左脚向左跨出一步（重心落在左脚上，脚尖偏向左侧，以脚趾制动），上体略向左侧倒，反手击球。击球后，左脚前掌回蹬，回中心位置。

背对球网移动步法：这种步法只适用于反手击球。启动后，以左脚前掌为轴，向左转体，同时，右脚内侧用力蹬地，经左脚前向左侧跨一大步（重心在右脚上，以脚前掌制动）呈背对网姿势，上身略向前倾反手击球。击球后，右脚回蹬随即转成面对球网，回中心位置。

三、发球

发球是羽毛球运动中的一项重要基本技术。基本的发球技术有发高远球、发平高球、发平快球和发网前球。在单打比赛中，上述几种发球技术运用得较普遍；而在双打比赛中，则以发网前球结合发平球或平高球较为常见。

根据发球时基本姿势的不同，发球又可分为正手发球和反手发球两种。

（一）正手发球

发球站位：单打发球要站在中线附近，离前发球线 1 米左右距离。双打发球站位可靠近前发球线。

准备姿势：身体左肩侧对球网，左脚在前，右脚在后，重心在右脚上。右手持拍向右后侧举起，肘部放松微屈，左手拇指、食指和中指夹住球，举在胸腹间。发球时，身体重心由右脚移至左脚上。此发球站位和准备姿势适用于各种正手发球。正手发球可以用来发任何一种飞行弧线的球，在单、双打中普遍采用。

1. 正手发高远球

发高远球就是尽量把球发得又高又远，使球向对方的后场上方飞行，发球后的飞行角度（路线与地面形成的角度）要大于 45°，在对方场区底线界内附近形成垂直下落。

动作要领（见图 4-2）：发球的时候，左手把球举在身体的靠右前方并放下，使球落下；右手同时由上臂带动前臂，从右后方向前，往左前上方挥动，手臂开始挥动的时候，身体重心由右脚慢慢地移到左脚上。当球落到击球人手臂向下自然伸直能触到球的一刹那，握紧球拍，并利用手腕力量，向前上方以鞭打的方式用力击球；把球击出的同时，手臂向左上方挥动。击球后，身体重心由右脚移至左脚上，身体微微向前倾。

图 4-2　正手发高远球动作要领

2. 正手发平高球

正手发平高球的动作过程大致与发高远球相同，只是发力方向和击球点不同。发平高球时，球运行的抛物线的弧度不大，球在空中飞行的时候与地面所形成的仰角大约是 45°，使球迅速地越过对方场区空中而落到底线附近。

动作要领（见图 4-3）：在发平高球击球的刹那，前臂加速带动手腕向前上方挥动，拍面要向前上方倾斜，以向前用力为主。鞭打击球，击球时的动作比发高远球时的动作小。注意发出球的弧线要以穿越对方场区为目的，以对方伸拍击不着球的高度为宜，并应落到对方场区底线界内。

图 4-3　正手发平高球动作要领

3. 正手发平快球

正手发平快球就是把球发得又平又快，击出的球离网不高而迅速越过对方场区并落到底线界内。球在空中飞行时，抛物线轨迹小于平高球的轨迹，与地面形成的仰角小于30°。

动作要领：站位稍靠后些（防备对方很快回球到本方后场），利用前臂带动手腕的爆发力向前方发力，发出的球直接从对方的肩稍上高度越过，直攻对方后场。发平快球的关键是出手动作要小而快，但前期动作应和发高远球一致。

4. 正手发网前球

正手发网前球就是把球发到对方场区的前发球线附近，球拍触球时，拍面从右向左斜切击球，使球刚好越网而过，落在对方前发球线附近。这是在双打中主要采用的发球技术。

动作要领（见图4-4）：发网前球时，站位稍靠前。击球时，握拍要放松，上臂动作要小，主要靠小臂带动手腕向前切送，用力要轻。

图4-4 正手发网前球动作要领

（二）反手发球

发球站位：站在前发球线后 10～50 厘米及发球区中线的附近，也可以站在前发球线及场地边线附近。

准备姿势：面向球网，两脚分前后站立（左脚或右脚在前均可），上体稍向前倾，身体重心在前脚上。右手反握拍，左手拇指和食指捏住球的羽毛，球托明显朝下，球体与拍面平行或球托对准拍面放在拍面前方。

1. 反手发网前球

反手发网前球就是运用反手发球技术将球发至对方发球区内且在前发球线附近。

动作要领（见图4-5）：反手发网前球击球时，用前臂带动手腕，球拍由后向前横切推送，使球的最高弧线略高于网顶，通过拍面的切削动作使球落到对方场区的前发球线附近。

2. 反手发平球

反手发平球与正手发平球的球路、角度、落点一样。发球时，球拍的挥动方向、动作、幅度都与反手发网前球一样，只是在击球的一刹那，手腕采用弹击的方法，拍面角度接近垂直，将球击到发球线以内的区域。

图 4-5 反手发网前球动作要领

（三）练习方法

1. 发高远球练习

练习者在掌握正确的发球动作的基础上，要力求将球发得高、发得远，落点在对方底线界内，同时还要注意左、右落点的变化，既要能发到对方场区的底线与边线交界附近，又要能发到底线与中线交界附近。

2. 发平高球、平快球练习

练习发平高球、平快球时，练习者要注意球落点的变化，还应使发球的动作与发高远球的动作保持一致，仅在最后用力时变化。

3. 发网前球练习

练习发网前球时，练习者首先应根据单打或双打比赛的需要选择好站位，如：单打时的站位应与发高远球时的站位相同，双打比赛时的站位则应适当前移。练习发网前球时，一是要注意使发出的球尽量贴网而过；二是球的落点应在对方前发球线附近或稍后位置，且要有变化；三是还可安排对手进行练习，这样可提高发球质量。

四、后场高空击球

（一）后场高空击球技术

后场高空击球也称后场上手击球，即在尽可能高的击球点上，还击对方向底线击来的高球。后场高空击球可分为正手、反手、头顶击高远球。下面介绍正手击高远球和头顶击高远球。

1. 正手击高远球

动作要领（见图 4-6）：首先要判断好来球的方向和落点，侧身后退，使球处在自己的右肩稍前上方位置。左肩对网，左脚在前，右脚在后，重心在右脚上。左臂屈肘，左手自然高举，右手持拍，手臂自然弯曲，将球拍举在右肩上方，两眼注视来球。击球时，右上臂后引，随之肘关节上提至明显高于肩部位置，将球拍向后引至头部，自然伸腕（拳心朝上）；然后在后脚蹬地、转体收腹的协调用力下，以肩为轴，用上臂带动前臂快速向前上方甩腕（鞭打），在手臂伸直的最高点击球。击球后，持拍手臂顺惯性往前左下方挥动并收拍至体前。与此同时，右脚向前迈出，左脚后撤，身体重心由后脚移到前脚上。

图 4-6　正手击高远球动作要领

2. 头顶击高远球

在自己的左场区，用正手在头顶中间部位或在左肩上方将来球击到对方底线的高远球，称为头顶击高远球。这种击球动作较之反手击球主动性要强，具有更强的攻击性。

动作要领：击球前的准备姿势及击球动作与正手击高远球基本相同，只是击球点偏左肩上方。准备击球时，侧身稍向左后仰。击球时，上臂带动前臂使球拍绕过头顶，从左上方向前加速挥动，注意利用手腕的爆发力以及蹬地收腹的力量击球。落地时，左腿向左后方摆动幅度大些，并用左脚后蹬向中心位置移动。

（二）练习方法

1. 空中悬球练习

用一钢绳将球挂在适合于击高球的位置，反复练习击高球动作，检查击球点以及球拍接触面是否正确。

2. 原地对打练习

两人面对面站在各自的场区底线附近对打高远球，先练习直线对打，再练习对角线对打。

3. 移动中对打高远球练习

较熟练地掌握原地击高球动作后，即可过渡到移动中对打高远球练习。这种练习如果结合步法训练效果会更好。

（1）一人固定位置，一人前后移动的练习。一人在底线固定位置击出高远球，另一人在回击高远球后从底线回到中心位置，再重新退到底线回击对方打来的高远球。

（2）一点打一点前后移动的练习。对练双方在击完球后都回到中心位置，再各自退到底线回击对方打来的高远球，如此循环练习。

（3）一点打两点三角移动的练习。一人先固定在底线某个角上，先后将高远球击往对方底线两个点，直线加斜线高远球；另一人通过三角移动，还击球至一个点，直线加斜线高远球。

五、吊球

对中、后场的高远球，运用劈切、拦截的技术动作，使球在对方前场向下坠落，称为吊球。吊球技术分为正手、反手和头顶三种手法。由于吊球落点比较近网，与平高球结合运用，就能拉开对方的防守范围，从而调动对方，掌握场上的主动权。

（一）基本的吊球技术

1. 正手吊直线球和对角线球

吊直线球时，击球用力的方向是前下方，但是击球瞬间，前臂突然减速，用手腕的闪动向下轻轻切击球托的右侧后下方，使球越网后即下落；吊对角线球时，击球用力的方向为对角线斜下方，见图4-7。

图4-7　正手吊直线球和对角线球

2. 头顶吊直线球和对角线球

击球动作几乎和头顶击高远球相同，只是击球的瞬间，前臂突然内旋并往前下方挥拍，手腕外伸、后展，带动球拍轻点球托的左侧后下部，球沿直线飞行。

3. 反手吊直线球和对角线球

反手吊直线球和对角线球的击球前动作与反手击高远球动作类似。不同的是前臂要上摆，用拇指内侧顶住拍柄，手腕向后“甩腕”轻击球托的后下部位，使球的飞行方向朝着直线和对角线的方向落到对方网前，见图 4-8。

图 4-8　反手吊直线球和对角线球

此外，按球的飞行弧线和击球动作的不同，吊球还有劈吊、拦截吊和轻吊等技术。

（二）练习方法

1. 原地吊球练习

（1）定点吊斜线。练习者固定在右后场或左后场底线位置，用正手或头顶击球技术将球吊至对方的右、左场区网前，对方将球挑回练习者的右、左后场底线，如此反复练习。

（2）定点吊直线。练习者固定在右、左后场底线位置，将球吊至对方的右、左场区网前，对方将球挑回练习者的右、左后场底线，如此反复练习。

2. 移动中吊球练习

在较熟练地掌握原地吊球技术后，即可进行移动中吊球练习。

（1）一点吊一点前后移动的练习。吊球者在后场底线位置吊球后，移动到中心位置，然后重新退回到底线进行吊球；挑球者挑球后，退回中心位置，然后重新上网挑球。

（2）两点吊一点前后移动的练习。吊球者先后在后场两个点将球吊至对方网前的一个点上；挑球者先后将球挑至对方后场两点上，双方均前后移动。

（3）两点吊两点前后移动的练习。在两点吊一点的基础上，吊球方增加一个吊球落点。

六、杀球

杀球是指把对方击来的高球全力向下扣压。其特点是力量大、弧线直、速度快，给对方的威胁很大。杀球方式主要可分为正手杀直线球和对角线球、头顶杀直线球和对角线球、正手腾空突击杀球。

（一）基本杀球技术

1. 正手杀直线球和对角线球

右脚起跳后，身体后仰呈反弓形后收腹用力，靠腰腹带动上臂、上臂带动前臂、前臂带动手腕，形成“鞭打”向下用力，球拍正面击球托的后部，无切击，使球沿直线向前下方快速飞行。击球后，立即恢复原准备姿势。正手杀对角线球时，右脚起跳后，向左前方转动用力，协助手臂朝对角线方向击球。

2. 头顶杀直线球和对角线球

准备姿势与头顶击高远球相同，不同之处是挥拍击球时，靠腰腹带动上臂、前臂、手腕的“鞭打”动作，全力往直线下方击球，拍面和击球用力方向水平面的夹角小于 90°，头顶杀对角线球的技术动作同头顶杀直线球，不同之处在于用全力向对角线下方击球。

3. 正手腾空突击杀球

动作要领：采用正手握拍法，侧身，右脚后退一步准备起跳。起跳后，身体向右后方腾起，上身右仰呈反弓形，右臂上抬，肩尽量向后拉。击球时，以肩带臂，主要以前臂和手腕快速挥拍压腕产生爆发力，高速向前下方击球。扣杀后，右脚先着地屈膝缓冲，重心在右脚上，即刻回原位置。如果球向左侧边飞来，则用左脚向左侧上方起跳使身体向左侧上空腾起，肘关节高举靠近头部，举拍于头后，到最高点时，主要以前臂内旋和手腕快速挥拍扣杀球。扣杀后，左脚先着地屈膝缓冲，即刻回原位置。

（二）练习方法

由于接杀球者一般不易把对方的杀球连续挑到后场，所以练习杀球多采用多球练习，即一人利用多球连续发至练习者的后场，练习者先原地进行扣杀球练习，再过渡到移动中扣杀球练习。初学者一般先练正手杀球，待熟练后再练反手杀球。在练习杀球时，要注意落点和线路的变化。

七、网前球

网前球包括放、搓、推、勾、扑、挑球等。其中，搓、推、勾、扑属进攻技术，击球的前期动作一致，击球刹那产生突变；握拍要灵活，动作要细腻，手腕、手指要灵巧，以控制好球的落点。接下来以正手为例介绍网前球技术。

（一）网前球基本技术

1. 搓球

搓球一般在对方来球较靠近网上时运用，是指用球拍搓击球托侧下部，使球旋转翻滚越过网顶的击球技术。

动作要领：侧身对右边网前，左腿跨呈弓箭步，重心放在右脚上，正手握拍。击球前，球拍随前臂稍外旋向右前上方斜举，手腕由后伸至稍内收闪动，握拍手的食指和拇指夹住球拍，中指、无名指和小指轻握拍柄，使球拍在手腕和手指的挥摆用力下，搓击来球的右下底部，使球旋转翻滚过网。

2. 推球

推球是指用推击的方法，往对方底线击出弧度较平、速度较快的球的一种技术。

动作要领：击球前的准备动作和搓球相似，不同之处是击球一刹那拍面竖得较直。推球时，身体稍往前移，右前臂往前伸，并带内旋；手腕和手指控制拍面角度，手腕由后伸直并闪腕，食指向前压和小指、无名指一起握紧拍柄，拍子急速地由右经前上至左挥动推球，使球沿边线飞向对方后场底角。推对角线球，击球前的准备动作与推直线球相似，不同之处是推击球的右侧后部，使球沿对角线方向飞行至对方后场底角。

3. 放网前球（放球）

放网前球是击球者没有及时赶到位，而在较高位置被动使用的一种击球技术。放网前球是指用球拍轻轻一托，将球向上弹起，刚过网就朝下坠落的技术。

动作要领：击球前准备姿势和前面相同。击球时，前臂稍向外旋，手腕由后伸至稍内收，握拍手的食指和拇指夹住球拍，中指、无名指、小指轻握拍柄，使球拍在手腕和手指的挥摆用力下，轻击球托把球轻送过网。挥拍的力量、速度和拍面角度的大小，主要取决于来球距离和速度。来球离网远，速度快些，则放球的力量要大些；反之，则力量要小些。放球后，身体还原至准备姿势。

4. 勾球

勾球是指把在本方左、右边的网前球击到对方右、左边网前去的一种技术。勾球是一种技巧性较高的技术，与搓球、推球等交替运用，常能达到声东击西的效果。

动作要领：准备姿势与前面相同。击球前，球拍随前臂往右前斜上举。在前臂前伸时稍有外旋，手腕微向后伸，握拍手将拍柄稍向外捻动，使拇指贴在拍柄的宽面上，食指的第二指关节贴在拍柄的背面的宽面上，拍柄不触掌心。拍面朝右侧前挥动，拍面朝向对方右网前。击球时，靠前臂稍有内收往左拉收，手腕由稍后伸至内收，闪腕挥拍拨击球托的右侧下部，使球沿网的对角线飞行落入对方网前角处。拨击球时，手腕要控制拍面角度。击球后，还原到击球前的准备姿势。

5. 扑球

扑球是指把对方击来的高于网上的球迅速扑压下去的一种技术。由于扑球速度快，飞行的路线又短，往往使对方来不及还球，是威力最大的进攻技术。

动作要领（见图 4-9）：跨步上网或右脚蹬步上网，身体稍向右前倾，屈肘向右前上方举拍，拍面向前倾。击球时，利用前臂带动手腕和手指快速闪动发力，如果离网顶较近，用手腕从右前向左前“滑动”击球。击球后立即收拍，以免触网犯规。

图 4-9　扑球动作要领

6. 挑球

把对方击来的网前球、吊球挑高回击到对方后场去的技术，称为挑球。这是一种处于较被动情况下采取的防守性技术，通过挑球到对方后场，可以赢得时间，重新调整好身体重心与场上位置，准备下一次击球。

动作要领（见图 4-10）：准备动作与正手放网前球相同。击球前，前臂充分向外旋，手腕尽量向后伸，右脚向右网前跨出一大步，重心在右脚上。击球时，从右下向右前方至左上方挥拍击球。在此基础上，若球拍向右前上方挥动，挑出的是直线高球；若球拍向左前上方挥动，挑出的则是对角线高球。击球后，身体重心即刻还原成准备姿势。

图 4-10　挑球动作要领

（二）练习方法

（1）按动作要领反复做各种击球动作的徒手练习。
（2）加强定点球的练习。
（3）练习固定的球路。
（4）做一打一、二打一、三打一的定点、定线、定量练习。

专题二　羽毛球基本战术

羽毛球基本战术包括单打战术和双打战术。两者着重点不同，节奏各异，相差较大。

一、单打战术

1. 压后场底线

对于初学者来说，由于技术不全面，后场（尤其是左后场区）的反击能力较差，回球落点不准，因此战术上一般采用先压对方到后场部位，再伺机进攻的方法。

2. 打四方球

以高球式吊球准确地将球击到对方场区的四个角，调动对方前后左右跑动，打乱其阵脚，在对方来不及回中心位置或回球质量较差时，向其空档部位发动攻击。这种打法在面对移动较慢、体力较差的对手时较为有利，它要求运动员本身具有较强的控球能力和快速、灵活的步伐及较强的进攻能力。

3. 快拉快吊

以平高球快压对方后场底角，配合快吊网前两角，吸引对方上网，与网前搓球、勾对角球相结合，推后场底线，迫使对方疲于奔命、被动回球，从而为本方创造中后场大力扣杀或网上扑杀机会。这是一种积极主动的打法，要求运动员手法准确熟练、步伐快速灵活。

4. 压后场底线

通过平高球压对方后场底线，待对方回球质量较差时，大力扣杀或吊网前空档。要求运动员体力好，连续大力扣杀的能力强，移动快速而积极。

5. 守中反攻

杀球需要消耗体力，控球不好容易失误，质量不好还容易被对方反击，这种打法因此应运而生。先以拉吊四角、多拍调动，让对方在跑动中勉强进攻，当对方反击球质量不好或回击被动球时，趁机出击，往往能一拍成功。此打法较适合本方运动员进攻能力不强，但防守技术较好、反应较快、身体灵活且身材较矮的情况。

二、双打战术

1. 快攻压网

从发球抢攻开始，以左、右分边站位，平抽平打、快速杀球，压在前场进攻。这种打法要求运动员有较好的半场平拍打技术和较强的封网意识。

2. 前场打球

通过网前搓、勾对角及推半场球或打空隙进攻，打乱对方站位，创造后场进攻机会。这种打法要求运动员有细腻、灵巧的网前战术。

3. 后攻前封

两运动员基本保持前后站位，后场逢高球就往下压，当对方还球到前半场或网前时，立即给予扑杀。这种打法要求站在后场的运动员具有连续扣杀的能力，站在前场的运动员具有较强的封网意识和技术。

4. 抽压底线

以快速的平高或长抽球压迫对方底线两角，即使在对方扣杀时也能以平拍反击或抽高球还到对方两底角来调动对手，伺机进攻。这种打法要求运动员具有较强的防守能力和较好的底线平抽球技术。

专题三　羽毛球竞赛规则简介

一、竞赛项目

羽毛球竞赛项目有男、女团体，男、女单打，男、女双打和男女混合双打七项。其中，男、女团体赛一般采用 5 局 3 胜制。

二、基本的竞赛规则

（一）计分与单、双打规则

1. 计分

羽毛球比赛采取 21 分制，一般为 3 局 2 胜制；每球得分制，每回合中取胜的一方加 1 分；当双方均得 20 分时，领先对方 2 分的一方赢得该局比赛；当双方均得 29 分时，先取得 30 分的一方赢得该局比赛；一局比赛的获胜方在下一局率先发球。

2. 赛间休息与换边

在一局比赛中，当领先一方达到 11 分时，双方有 1 分钟休息时间；在两局比赛期间，双方有 2 分钟的休息时间；在决胜局中，当领先的一方达到 11 分时，双方交换场地。

3. 单打比赛规则

在一局比赛开始时（比分 0∶0）或发球方得分为偶数时，发球方在右半场发球；当发球方得分为奇数时，发球方在左半场发球；如果发球方取得 1 分，那么下一回合其继续发球；如果接发球方取得 1 分，那么下一回合其成为发球方。

4. 双打比赛规则

与单打一样，当发球方得分为偶数时，发球方在右半场发球，当发球方得分为奇数时，发球方在左半场发球；如果发球方取得 1 分，那么下一回合其继续发球，且发球人不变；如果接发球方取得 1 分，那么下一回合其成为发球方；当且仅当发球方得分时，发球方的两位选手交换左右半场。

（二）场地与器材

1. 比赛场地

羽毛球比赛场地应是一个长方形，用宽 40 毫米的线画出。场地线的颜色最好是白色、黄色或其他容易辨别的颜色；所有的线都是它所界定区域的组成部分。

从球场地面起，网柱高 1.55 米，必须稳固地与同地面垂直，并使球网保持拉紧状态；网柱应放置在双打的边线上。

羽毛球球网应由深色、优质的细绳编织而成，网孔为均匀分布的方形，边长为 15～20 毫米；羽毛球球网上下宽均为 760 毫米；绳索或钢丝需有足够的长度和强度，能牢固地拉紧并与网柱顶部取平；场地中央网高为 1.524 米，双打边线处网高为 1.55 米；球网的两端必须与网柱系紧，它们之间不应有空隙。

比赛场地长为 13.4 米，双打场地宽为 6.1 米，单打场地宽为 5.18 米，双打场地对角线长为 14.723 米，单打场地对角线长为 14.366 米。

羽毛球有 16 根羽毛，固定在球托上，每根羽毛从球托面至羽毛尖的长度，统一为 62～70 毫米，羽毛顶端围成圆形，直径为 58～68 毫米；羽毛应用线或其他适宜材料扎牢；球托底部为球形，直径为 25～28 毫米；球重 4.74～5.50 克。

2. 羽毛球拍

羽毛球拍一般由拍头、拍杆、拍柄及拍框与拍杆的接头构成；一支球拍的长度不超过 68 厘米，拍柄与拍杆长度不超过 42 厘米，拍框长度不超过 25 厘米，宽为 20 厘米。球拍的发展方向是重量越来越轻、拍框越来越硬、拍杆弹性越来越好。

单元五　足球

学习目标：

1. 了解足球运动的基本技术，包括颠球、踢球、接球、运球、抢断球、头顶球等。
2. 掌握足球运动的基本比赛规则。

素质目标：

学会足球的基本技术、战术，具有调整身体姿势与控球的能力，勤练、常赛以适应不同的运动情景。

足球运动是世界上最受人们喜爱、开展最广泛、影响最大的体育运动项目之一。一场精彩的足球比赛，可吸引成千上万的观众观看。

专题一　足球技术

足球技术可分为有球技术和无球技术两大类，锋卫队员的有球技术包括颠球、踢球、接球、运球、抢断球、头顶球、掷界外球；守门员的有球技术包括接球、扑球、拳击球、托球、掷球、踢球。无球技术包括启动、快跑、跳跃、急停、转身、步法、假动作等。本专题主要介绍有球技术。

一、颠球

初学足球，熟悉球性是必经的重要环节。其中，颠球是熟悉球性的最基本的方法。颠球是指运动员用身体的各个有效部位连续地触击球，并加以控制，尽量使球不落地的技术动作。颠球大致可分为拉、挑球，脚背正面颠球，脚内侧颠球，脚外侧颠球，大腿颠球，头颠球，肩颠球等，下面介绍常用的几种。

（一）拉、挑球

支撑脚踏地在球的后侧方约 30 厘米处，膝关节微屈，身体重心移到支撑脚上。拉、挑球的脚前掌踏在球的上方并向后轻拉，在球开始向后滚动的同时，脚尖、脚掌迅速着地。当球滚上脚背的同时，脚尖稍翘起，向前上方轻轻用力将球挑起。

（二）脚背正面颠球

支撑腿的膝关节微屈，身体重心移到支撑脚上。当球落至低于膝关节以下时，颠球脚的膝、踝关节适当放松，并柔和地向前上方甩动小腿，脚尖稍翘起，用脚背轻击球的底部，将球向上颠起。

（三）脚内侧颠球

支撑腿的膝关节微屈，身体重心移到支撑脚上。当球下落到膝关节高度时，颠球脚屈膝盘腿，脚内侧向上摆，脚内翻成水平状态，轻击球的底部，将球向上颠起。

（四）大腿颠球

支撑腿的膝关节微屈，身体重心移到支撑脚上。当球落至接近髋关节高度时，颠球的大腿屈膝上摆，当大腿摆成水平状态时，轻击球的底部，将球向上颠起。

（五）头颠球

两脚开立，膝关节微屈，用前额部位连续顶球的下部。顶球时，两眼注视球，两臂自然张开，以维持身体平衡。

二、踢球

踢球是指运动员有目的地用脚的某一部位将球击向预定目标的一种技术。踢球的脚法有很多种，动作要领和技术特点也不尽相同。但是不论哪一种踢球技术，其完整的动作过程都包括助跑、支撑脚站位、踢球腿摆动、脚击球、随前动作五个环节。

（一）脚内侧踢球（又称脚弓踢球）

技术特点：脚内侧触球的面积比其他部位都大，这使得在踢球时可以更容易地控制球，出球平稳准确。因此，脚内侧踢球是进行短距离准确传球和射门的最佳选择。

动作要领（见图 5-1）：采取直线助跑，支撑脚踏在球侧 10～15 厘米处，膝关节微屈，脚趾指向出球方向。踢球腿以髋关节为轴由后向前摆动，膝、踝关节外展，脚尖稍翘起，以脚内侧对准球，当膝关节摆至接近球体上方时，小腿加速朝前摆。击球刹那，脚跟前顶，脚型固定，用脚内侧击球的后中部。

图 5-1 脚内侧踢球动作要领

（二）脚背正面踢球

技术特点：用脚背正面踢球，大腿带动小腿的摆幅相对较大，摆腿踢球的动作顺畅且快速，便于发力踢球，但出球路线和性能比较单一，缺乏变化，这种踢球方法适用于远距离的大力射门。

动作要领（见图 5-2）：直线助跑，支撑脚踏在球侧，脚趾指向出球方向，膝关节微屈。在支撑脚向前跨的同时，踢球腿大腿顺势后摆，小腿后屈。前摆时，大腿以髋关节为轴带动小腿前摆，当膝关节摆至接近球体上方时，小腿加速前摆，脚背绷直，脚趾扣紧，以脚背正面击球的后中部。击球后，踢球腿顺势前摆落地。

图 5-2　脚背正面踢球动作要领

（三）脚背内侧踢球

技术特点：摆踢动作顺畅、幅度大，脚触球面积大，出球平稳有力，且性能和路线富于变化，适用于中远距离传球和射门。

动作要领（见图 5-3）：斜线助跑，助跑方向与出球方向约成 45°，支撑脚踏在球侧后方，脚趾指向出球方向，膝关节微屈，眼睛看球，重心稍倾向支撑脚一侧。在支撑脚踏地的同时，踢球腿以髋关节为轴，大腿带动小腿由外后向前内方略呈弧线摆动，膝、踝关节稍外旋，当膝关节摆至接近球体的内侧上方时，小腿加速前摆。击球时，膝关节向前顶送，脚背绷直，脚趾向内扣紧，以脚背内侧击球的后中下部。击球后，踢球腿顺势前摆落地。

图 5-3　脚背内侧踢球动作要领

（四）脚背外侧踢球

技术特点：预摆动作较小、出脚相对较快，能利用膝、踝关节的灵活变化改变出球方向和性质，具有一定的隐蔽性，是一种实用性较强的技术，同时也是一种较难掌握的踢球技术。

动作要领：脚背外侧踢球的动作方法类似脚背正面踢球，只是摆踢时，脚背绷直，脚趾向内扣紧，用脚背外侧击球的后中部。击球后，踢球腿顺势前摆落地。

三、接球

接球是指运动员运用身体的有效部位，将运行中的球有目的地接控在所需位置上的一种技术，是运动员得球的主要手段。

（一）脚内侧接球

技术特点：脚内侧接球用途广泛，接球平稳，可靠性强，动作灵活多变。

动作要领：

（1）接地滚球（见图 5-4）：判断来球的速度和方向，及时调整身体正对来球，观察周围情况，选好支撑脚位置，膝关节微屈。接球脚根据来球的状态相应提起，膝、踝关节外旋，脚趾稍翘，用脚内侧对准来球。触球刹那，接球部位做相应的引撤或变向接球，将球控制在所需要的位置上。

（2）接反弹球：选择支撑脚的位置，同时身体要跟上，接球脚的小腿应与地面形成一定的夹角，向下做压推动作时，膝关节要领先，小腿留在后面。

（二）脚背正面接球

技术特点：脚背正面接球的部位是穿系鞋带的部位。其特点是迎撤动作自如，关节自由度大，接球稳定，但变化较少，适用于接下落球。

动作要领（见图 5-5）：身体正对来球，判断来球路线和速度，支撑脚稳固支撑，接球腿屈膝提起，以脚背正面对球迎出。触球刹那，接球脚引撤下放，膝、踝关节相应放松，以增强缓冲效果。

1　2　3　4　5

图 5-4　接地滚球动作要领

1　2　3　4

图 5-5　脚背正面接球动作要领

（三）脚底接球

技术特点：脚底接球的部位以前脚掌为主。其特点是动作简单，控球稳定可靠，适用于接迎面地滚球和反弹球。

动作要领（见图 5-6）：判断来球路线或落点，选好接球位置并稳固支撑，接球腿微屈提起，脚尖勾翘，使脚掌和地面形成一定的仰角。球临近或落地刹那，接球腿有控制地下放，用脚前掌部位触压球的后中部，将球控制在脚下。

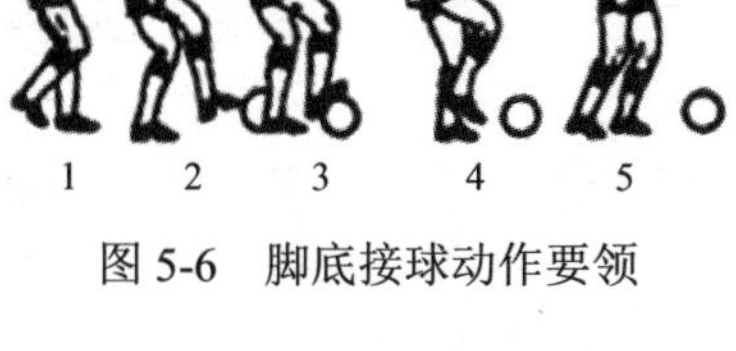
1　2　3　4　5

图 5-6　脚底接球动作要领

（四）胸部接球

技术特点：胸部接球的特点是触球点高、面积大，适用于接胸部以上的高空球。

动作要领：

（1）挺胸式接球（见图 5-7）：要判断来球的落点，选择适当的接应位置。接球时，身体正对来球，两腿自然开立，膝关节微屈，两臂自然放置在体侧，上体稍向后仰与来球形成一定的角度。触球刹那，胸部主动挺送，使球触胸后向前上方弹起落于体前。

（2）缩胸式接球（见图 5-8）：适用于接齐胸的平直球。缩胸式接球与挺胸式接球的动作差异在于触球刹那。当球接近时，将手臂向后放并张开胸部。当球触胸瞬间，迅速收腹、缩胸，缓冲来球的力量，使球落于体前。胸部接球的触点高，接球后下落反弹。因此，做完胸部动作后，需及时将球控制在脚下。如果要将球接到身体两侧，在接球的刹那要突然转动身体，带动球变向。

1　2

图 5-7　挺胸式接球动作要领

1　2　3

图 5-8　缩胸式接球动作要领

四、运球

运球技术按脚的部位分为脚背正面运球、脚内侧运球、脚背外侧运球和脚背内侧运球四种。

（一）脚背正面运球

技术特点：直线推拨，速度快，但路线单一，多用在前方纵深较长的情况下。

动作要领：运球时身体自然放松，上体稍向前倾，步幅稍小，两臂屈肘自然摆动。在运球脚提起时，膝关节微屈，脚跟提起，脚背绷紧，脚尖向下，在迈步向前时，用脚背正面推拨球前进。

（二）脚内侧运球

技术特点：与其他运球技术相比，脚内侧运球速度最慢，容易控制，多用于掩护性运球或运球变向。

动作要领：运球时，支撑脚稍向前跨，踏在球的前侧方，膝关节稍弯曲，上体前倾向里转。随着身体向前移动，运球脚提起，用脚内侧推拨球的侧后中部。

（三）脚背外侧运球

技术特点：易于变化运球方向和发挥奔跑速度，还具有掩护球的作用。

动作要领：运球跑动时身体自然放松，上体稍向前倾，两臂屈肘自然摆动，步幅稍小。运球脚提起，膝关节弯曲，脚跟提起，脚尖稍向内转，用脚外侧推拨球。

（四）脚背内侧运球

技术特点：运球动作幅度大，控球稳，虽不能加快速度，但是向左右转换方向都很容易。主要适用于掩护性运球或运球变向，是比赛中使用得较多的运球方法。

动作要领（以右脚为例）：左脚向前跨出一大步，在球的前侧方落地，膝关节稍屈；上体向前倾并稍向右转，右脚顺势收腿，屈膝，脚尖稍向外转以脚背内侧推拨球的后中部，使球向前滚动；球滚动后，右脚立即着地，并使身体重心落在脚掌内侧，左脚迅速向前迈步呈运球前的姿势。

五、抢断球（抢球）

抢球是比赛中经常使用的动作，将对方脚下控制的球抢过来或破坏掉，技术的运用较为复杂，主要是无球技术和有球技术的合理结合。运用方式包括正面抢球、侧面抢球和侧后抢球三类。

（一）正面抢球

动作要领：

（1）正面跨步抢球：两脚前后开立，两膝微屈，身体重心下降并放在两脚之间，面向对方。在对方运球脚触球即将着地或刚着地时，支撑脚用力后蹬，抢球脚以脚内侧对着球跨出，膝关节弯曲，上体向前倾，身体重心移至抢球脚上，另一脚立即向前跨。如果双方的脚同时触球，则要顺势提拉，使球从对方脚背上滚出。同时重心要迅速跟上，把球控制好。在离球稍远抢不到的情况下，则可用脚尖捅抢。

（2）正面倒地铲抢：两脚前后开立，两膝微曲，身体重心下降并落在两脚之间，面向对方。在对方运球脚触球即将着地或刚着地时，一脚立即用力后蹬，另一脚沿地面向前滑铲，同时上体侧转向后仰倒地，接着蹬地脚迅速沿地面呈弧形扫踢球，屈肘用手扶地或接着侧滚。

（二）侧面抢球

技术特点：侧面抢球是与运球者平行跑动或从后面追成平行位时所实施的抢球动作。主要包括合理冲撞抢球、异侧脚铲球和同侧脚铲球三种情况。

动作要领：

（1）合理冲撞抢球：当与对方并肩跑动时，身体重心稍下降，同对方接触一侧的臂紧贴自己的身体。当对方靠近自己一侧的脚离地时，用肘关节以上部位冲撞对方相应部位，使其失去平衡而乘机将球抢过来。

（2）异侧脚铲球：当控球者拨出球的刹那，抢球者后脚（同侧脚）用力后蹬地呈跨步状，前脚（异侧脚）以脚外侧沿地面向前内侧滑出，用脚底蹬球。小腿外侧、大腿外侧和臀部依次着地。

（3）同侧脚铲球：当控球者拨出球的刹那，抢球者后脚（异侧脚）用力后蹬地呈跨步状，前脚（同侧脚）以脚外侧沿地面向前外侧滑出，用脚背或脚尖将球踢或捅出。小腿外侧、大腿外侧和臀部依次着地。

（三）侧后抢球

侧后抢球是在被对方突破情况下，防守队员进行的回追反抢技术。由于位置上处于劣势，因此必须靠铲抢动作争取主动，分为同侧铲球和异侧铲球。其铲球动作与侧面铲球相同，只是要特别注意铲球的时机与动作，不能先铲到人而犯规。

六、头顶球

头顶球方法很多，按头顶球的部位可分成额头正面顶球和前额侧面顶球两种。

（一）额头正面顶球

技术特点：额头正面顶球是头顶球技术中最为常见的方式，其特点是触球部位平坦，动作发力顺畅，容易控制出球方向，准确性高，出球平稳有力。

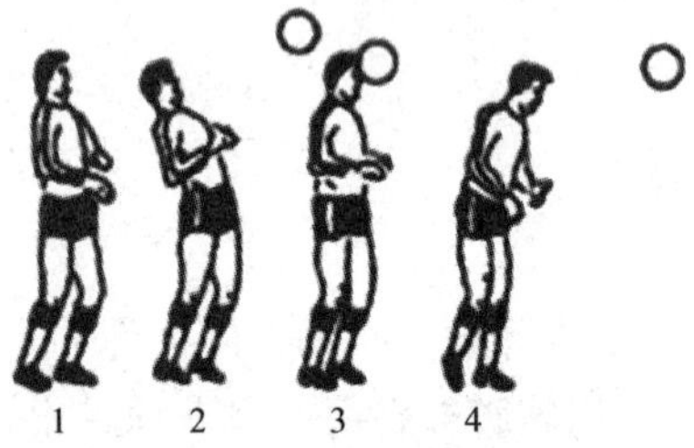

图 5-9　额头正面顶球动作要领

动作要领（见图 5-9）：原地顶球时，身体正对来球，两脚前后站立或呈平行站立，膝关节微屈，两眼注视来球，上体稍向后仰，两臂自然张开，挺胸展腹，下颌收紧。顶球时，蹬地、收腹、摆体、顶送发力，用前额正面顶击球的后中部，顶击瞬间，颈部肌肉保持紧张状态。顶球后继续向前送，以便控制出球的方向。

（二）前额侧面顶球

技术特点：击球动作快捷，变换方向突然，顶出球的运行路线难以预测。但该动作难度较大，侧摆发力和出球方向较难控制，适用于应急时破坏球和门前的头球攻门。

动作要领：原地顶球时，选择好击球方向，身体稍侧对来球，两脚自然前后站立，击球一侧的支撑腿在前，身体稍向侧后微屈，重心落在后腿上，两臂自然张开，眼睛注视来球。顶击球时，后脚向击球方向猛力蹬伸，身体随之向出球方向转动侧摆，同时颈部侧甩发力，用额侧部将球击出。

跳起顶球，类似额头正面的跳顶，只是在起跳上升阶段，上体应向出球的相反方向侧屈转体。跳至最高点时，上体向出球一侧加速转动，摆体侧甩，可利用脚的侧下蹬地力量，加快侧摆速度，用额侧部将球顶出。

专题二　足球战术与竞赛规则简介

足球竞赛是由攻、守组成的，攻和守不断地转换组成了比赛的全过程。因此，足球战术可分为进攻和防守两大系统。进攻和防守中又分别包含了个人战术和集体战术。

一、足球竞赛常用阵形

比赛阵形是指场上队员的位置排列、攻守力量搭配和职责分工的形式。阵形的序列一般为从后卫排向前锋。守门员的人数、职责固定，一般不予计算。现代足球常用的比赛阵形有“四三三”“四四二”“四五一”“三五二”阵形等。

（一）“四三三”阵形

“四三三”阵形的主要特点是有利于攻防力量的组织，攻防的机动性大，进攻的突然、隐蔽性强，前、中、后三个区域的人员比较平衡，是一种攻守相对平衡的阵形。但对于中场三名前卫的能力要求较高，是球队为了加强边路进攻而常常采用的阵形。

（二）“四四二”阵形

“四四二”阵形是足球运动中的常见阵形，其特点为攻守平衡，从人员排列到职责分工，各条线和位置之间都能相互进行补位，并能进行保护。一般而言，中场四人站位比较常用的有四人平行站位和菱形站位。而根据比赛目的，也有 1+3 站位、3+1 站位和 2+2 站位。

（三）“四五一”阵形

“四五一”阵形：四名球员在后场，五名球员在中场，只留一人在前场担当前锋。因中后场的球员密集，无疑也具有密集型防守反击的特点。不过，“四五一”阵形在中场安排了五名球员，在稳固防守的基础上，仍可采取积极、大胆的进攻，所以也并不能说这是一种保守的阵形。“四五一”阵形中，中场球员站位有单后腰站位和双后腰站位两种。

（四）“三五二”阵形

“三五二”阵形在中场放了五名球员，中场人员相对占优。采用这种阵形的球队，一般实力强于对手，运用压迫式打法向对手施加压力。“三五二”阵形中，中场球员站位有单后腰站位和双后腰站位两种。

二、足球进攻与防守战术

（一）足球进攻战术

1. 局部进攻战术

局部进攻战术是指进攻中两个或几个队员之间的配合方法，是集体配合的基础。局部进攻战术的基本配合形式有：传切配合、交叉掩护配合和二过一配合。

传切配合是指控球队员将球传给切入的进攻队员的配合方法，是局部进攻战术中运用最多的方法。传切配合的形式有局部传切配合和转移长传切入。

交叉掩护配合是指在局部地区，两名进攻队员在运球交叉换位时，以自己身体掩护同伴越过对方防守队员的配合方法。

二过一配合是指在局部地区，两名进攻队员通过两次连续传球配合，越过对方一名防守队员的配合方法。常用的配合方法有：直插斜传二过一、斜插直传二过一、斜传斜插二过一和回传反切直传二过一。

2. 整体进攻战术

整体进攻战术涉及的人员比较多，是全队协调一致的行动，体现了一个球队的进攻实力和配合能力。一次整体进攻是由发动、发展和结束三个阶段组成的。整体进攻包括边路进攻、中路进攻和快速反击等。

边路进攻的特点是充分利用场地的宽度，拉开对方的防线。当由守转攻时，可由边卫或者边锋，发动边路进攻。经过局部配合突破后，将球传到中间地区，由其他进攻者包抄射门。比赛中，中间地区防守队员比较集中，边路地区防守队员相对少些，因此从边路进攻比较容易突破对方防线。

中路进攻是指在对方半场中部发展与结束的进攻。中路进攻主要运用的战术有运球突破、踢墙式二过一配合、运球交叉掩护配合、回撤反切突破、横扯插上突破等。中路进攻主要通过中锋和内切的边锋或插上的前卫之间的配合，或个人运球过人等方法突破对方防线，达到进攻的目的。

快速反击是指防守的一方获得控球权后，在对方尚未形成防守状态时，快速攻击对方，创造射门机会。

（二）足球防守战术

1. 局部防守战术

局部防守战术是指两个或两个以上防守队员之间的配合方法，是集体防守战术的基础。其基本配合形式有：保护、补位和围抢。

2. 整体防守战术

整体防守战术是指全队所采取的防守配合。整体防守战术按形式分为人盯人防守、区域盯人防守和混合盯人防守；按打法分为向前逼压式打法、层次回撤式打法和快速密集式打法。

三、足球竞赛规则简介

（一）球场

球场必须是长方形，在长 90～120 米、宽 45～90 米范围内均可。国际比赛场地的长、宽范围为长 100～110 米、宽 64～75 米。基层比赛场地可因地制宜，但边线必须长于球门线，场地各区域尺寸固定不变。

（二）球门

门框直径不超过 12 厘米，两立柱内沿相距 7.32 米，横梁下沿与地面的垂直距离为 2.44

米，立柱与横梁宽度应相等。

（三）比赛开始和重新开始

将球放在中点上开球，当球被踢并向前移动时，比赛开始。开球队员不得连踢，开球可以直接射入对方球门得分。由于规则中没有提到的原因而终止比赛后，应坠球恢复比赛。

（四）比赛进行及死球

出现以下情况时，比赛仍进行：

（1）球从球门柱、横梁或角旗杆处弹回场内。

（2）球从比赛场地上的裁判员或助理裁判员身上弹回场内。

（3）队员犯规，而裁判未予判罚。

出现以下情况时，判为死球：

（1）当球的整体从地面或空中越过球门线或边线时，包括球被大风刮回。

（2）当比赛已经被裁判停止时。

（五）越位

越位位置的条件是在对方半场内，比球更接近对方球门线，在该队员与对方球门线之间，对方队员不足两人。判断是否处于越位位置的时间是同队队员传或触球的瞬间，而不是该队员接得球的瞬间。有下列行为之一，裁判员可判罚越位：干扰比赛，干扰对方队员，利用越位位置获得利益。

（六）犯规与不正当行为

1. 直接任意球和罚点球的判罚

包括以下行为：踢或企图踢对方队员；绊摔或企图绊摔对方队员；跳向对方队员；冲撞对方队员；打或者企图打对方队员；推搡对方队员；为了得到对球的控制而抢截对方队员控制的球时，于触球前触到对方队员；拉扯对方队员；向对方队员吐口水；故意手球。

2. 间接任意球的判罚

包括以下行为：守门员拖延时间（持球超过 6 秒）；守门员在发出球后，未经其他队员触及，再次用手/臂部触球；守门员用手/臂部触及同队队员故意踢给他的球；守门员用手/臂部触及同队队员直接掷来的界外球；队员的动作具有危险性；阻挡对方队员；阻挡对方守门员从其手中发球等。

（七）任意球

任意球分为直接任意球和间接任意球。直接任意球可以直接射入对方球门得分。

间接任意球不能直接射门得分，必须经场上其他队员触及后，进入球门内才算进球有效（如直接射入对方球门，则由对方踢球门球）。

（八）掷界外球

在比赛进行中，当球的整体从地面或空中越过边线时即为球出界。应由出界前最后触球队员的对方在球出界处边线外站立，将球掷向场内任何方向。球一进场，比赛即恢复。

（九）角球

在比赛中，队员将球的整体由地面或空中踢出本方球门线（不属于进球得分）时，由对方在出界的一侧的角球区内踢角球。角球可以直接射入对方球门得分。

（十）球门球

在比赛中，队员将球的整体从空中或地面踢出对方球门线（不属于进球得分）时，由对方在球门区任意一点踢球门球。踢球门球时，对方队员应退出罚球区。当球直接踢出罚球区进入场内时比赛才恢复，在出罚球区之前被任何人触及，均应重踢球门球。球门球可以直接射入对方球门得分。

单元六　篮球

学习目标：

1. 了解篮球运动的发展历史及特点。
2. 掌握篮球运动的基本技术，包括移动技术、进攻技术、防守技术、抢篮板球技术等。
3. 熟悉篮球运动的基本竞赛规则。

素质目标：

篮球运动是集对抗性、集体性、观赏性、趣味性、健身性于一体的运动。篮球运动是以投篮得分为目标，以主动控制球为焦点，以主动掌握时间与速度为保证，以各种专业技术为手段的一项球类运动。

现代篮球起源于 1891 年由美国马萨诸塞州体育教师詹姆士•奈史密斯发明的游戏。开始只是将竹篮固定在离地高约 3 米的墙上，向竹篮内投球的一种游戏，对场地大小、上场人数、比赛时间均无严格限制。因使用的器材主要是篮和球，故称篮球。1896 年首届现代奥运会，篮球即被列为表演项目。1936 年，国际奥委会决定将男子篮球比赛正式列为比赛项目。1976 年，女子篮球比赛也被列为奥运会比赛项目。

专题一　篮球基本技术

篮球运动的技术包括进攻与防守两大技术体系，其基本技术包括移动、传接球、运球、投篮、持球突破、防守、抢篮板球等。

一、移动

移动是篮球运动中队员为改变位置、方向、速度和争取高度、空间所采用的各种脚步动作要领的总称。移动技术包括准备姿势、启动、跑、急停、转身和滑步等。

（一）准备姿势

动作要领：两脚左右或前后开立约同肩宽，两膝微屈，身体重心在两脚之间，上体稍向前倾，脚跟稍向上提，两臂屈肘于体侧，双眼注视场上情况。

（二）启动

动作要领：从基本站立姿势开始，向前启动时以后脚、向侧面启动时以异侧脚的前脚掌短促有力地蹬地，同时上体迅速向前倾或侧转向跑的方向移动重心，手臂协调地摆动，充分利用蹬地的反作用力，迅速向跑的方向迈出。

动作要求：移重心，猛蹬地，快跨步，高频率。

（三）跑

比赛中经常运用以下三种跑：

1. 变向跑

动作要领：从右向左变向时，最后一步用右脚前脚掌用力蹬地，同时脚尖稍向内扣，迅速屈膝，腰部随之向左转，上体向左前倾，移动重心，左脚向左前方跨出，然后加速前进。

动作要求：变向时前脚掌内侧用力蹬地，另一脚迅速朝变向方向迈出第一步。

2. 侧身跑

动作要领：在跑动时，头部和上体转向侧面或有球一侧，脚尖朝着跑动方向。跑动时，既要保持奔跑速度，又要保持身体平衡，双手自然放在腰侧，注意观察场上情况。

动作要求：上体自然向侧面转，脚尖朝前。

3. 加速跑

加速时，后脚掌短促有力地蹬地加速；减速时，前脚掌用力抵住地面，上体稍向后倾，急剧减速。

（四）急停

急停是指队员在快速移动中突然制动的一种方法，是各种脚步衔接和变化的过渡动作。急停分跨步和跳步两种。

1. 跨步急停

动作要领（见图 6-1）：先向前跨出一大步，用脚跟先着地并迅速过渡到全脚抵住地面，降低重心，身体稍向后仰。第二步落地的同时，两膝深屈并向内扣，身体稍向侧面转，两脚尖自然转向斜前方，前脚掌内侧用力抵住地面制动向前的冲力，上体稍向后仰，两臂屈肘自然张开，然后上体迅速自然向前倾帮助控制身体平衡。

动作要求：第一步要用脚外侧着地，两膝微屈。第二步落地时，用前脚掌内侧蹬地制动前冲速度，屈膝降低重心，腰胯用力。

2. 跳步急停

动作要领（见图 6-2）：跑动中用单脚或双脚起跳，使双脚稍腾空；上体稍向后仰，两脚平行或前后落地（略宽于肩）形成准备进攻的站立姿势。

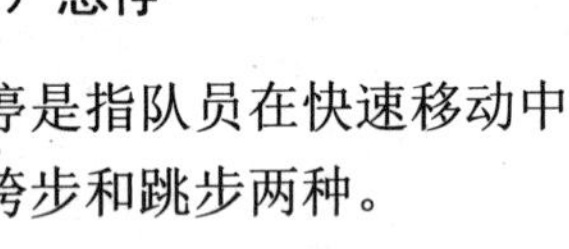

图 6-1　跨步急停动作要领

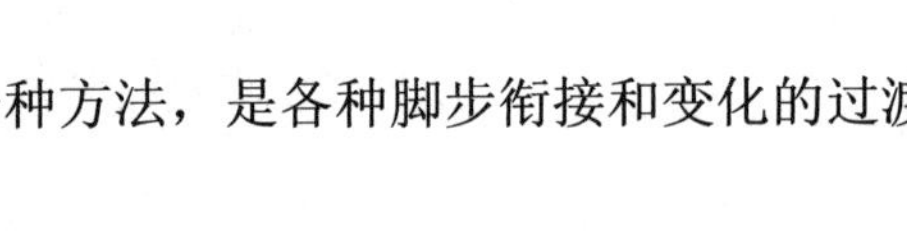

图 6-2　跳步急停动作要领

动作要求：落地时动作要轻盈，身体在空中向一个方向自然侧转，以缓和前冲速度，落地后迅速降低重心，保持身体平衡。

（五）转身

转身是指球员以一脚做中枢脚进行旋转，另一脚蹬地向前（后）跨出，改变原来身体方向的一种动作。转身分为前转身和后转身。

1. 前转身

动作要领（见图 6-3）：移动脚向中枢脚脚尖方向跨出，改变身体方向为向前转身。转身时，中枢脚前脚掌用力碾地，移动脚蹬地并迅速跨步，同时转腰转肩并保持身体平衡。

图 6-3　前转身动作要领

动作要求：转体蹬跨要有力，重心迅速转移，跨步后降低重心，不要起伏。

2. 后转身

动作要领（见图 6-4）：移动脚向中枢脚脚跟方向跨出，改变身体方向为向后转身。转身时，中枢脚碾地旋转，移动脚蹬地并向自己身后撤步，同时腰胯主动用力旋转，身体重心随之转移，保持身体平衡。后转身可在原地或行进间运用。

图 6-4　后转身动作要领

动作要求：腰胯带动躯干旋转，蹬跨要有力，保持身体平衡。

（六）滑步

滑步是防守移动的一种方法，易于保持身体平衡，可向任何方向移动，分为侧滑步、前滑步和后滑步。

动作要领：两脚平行站立，两膝弯曲，上体略向前倾，两臂侧伸。向左侧滑步时，左脚向左迈出的同时，右脚蹬地滑动，向左脚靠近，两脚保持一定距离，左脚继续跨出。向后滑步时，一只脚向后撤步着地的同时，前脚紧跟着向后滑动。保持前后开立姿势向前滑步时，前脚向前迈出一步，着地的同时，后脚紧随着向前滑动，保持前后开立姿势。

动作要求：保持屈膝姿势，降低重心，身体不要上下起伏，两脚不要交叉，重心保持在两脚之间，两臂伸开，两眼注视对手。

二、传接球

传球技术可分为双手传球和单手传球两类，常用基本技术有双手胸前传球、单手肩上传球、单手体侧传球等。接球技术可分为双手接球与单手接球两类。

（一）基本传球技术

1. 双手胸前传球

双手胸前传球是篮球比赛中最基本、最常用的一种传球技术，具有传球快速有力、准确性高、容易控制、便于与其他动作相结合的优点。

动作要领（见图 6-5）：双手持球于胸腹之间，两肘自然弯曲于体侧，身体呈基本站立姿势，眼睛平视传球目标。传球时后脚蹬地发力，身体重心向前移，两臂前伸，两手腕随之向内旋，拇指用力向下压，食、中指用力拨球并将球传出。球出手后，两手略向外翻。

动作要求：持球动作要正确，用力协调连贯，用食指、中指拨球。

2. 单手肩上传球

单手肩上传球是一种常用于中远距离传球的方法，传球时用力大，球飞行速度快，常在发动长传快攻时使用。

动作要领（见图 6-6）：双手持球于胸前，两脚平行开立。用右手传球时，左脚向传球方向跨出半步，右手靠左手拨送球的力量将球引至右肩上方，右肩关节引展，上臂、前臂自然弯曲，手腕稍向后屈，持球的后下方，左肩对着传球方向，重心落至右脚上。传球时，右脚蹬地发力，同时转体带动上臂、手腕前屈，食指、中指、无名指用力拨球并将球传出。

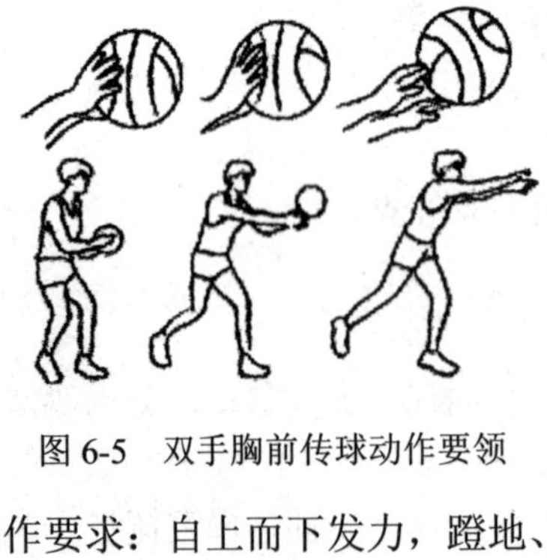

图 6-5　双手胸前传球动作要领

图 6-6　单手肩上传球动作要领

动作要求：自上而下发力，蹬地、扭转肩、挥臂扣腕动作要连贯。

3. 单手体侧传球

单手体侧传球是一种近距离隐蔽传球的方法。外围队员传球给内线同伴时常用这种方法。

动作要领（见图 6-7）：两脚开立，双手持球于胸前。用右手传球时，左脚向左侧前方跨步的同时，将球引至身体后侧，右手单手持球。出球前的一瞬间，持球手的拇指在上，手心向前，手腕后屈。传球时，前臂向前做弧线摆动，手腕前屈，食指、中指、无名指拨球将球传出。

图 6-7 单手体侧传球动作要领

动作要求：同时进行跨步与向体侧引球，前臂摆动要快，传球手腕要用力。

（二）基本接球技术

接球是篮球运动中的主要技术之一，是获得球的动作，是抢篮板和断球的基础。

1. 双手接中部位的球

动作要领：两眼注视来球，两臂伸出迎球，双手手指自然张开，两拇指呈八字形，其他手指向前上方伸出，两手呈一个半圆形。当手指触球时，双手将球握住，两臂顺势屈肘后引缓冲来球的力量，两手持球于胸腹之间，呈基本站立姿势。

动作要求：伸臂迎球，在手指触球后顺势将球引至胸腹之间，动作连贯一致。

2. 双手接高部位的球

这种接球方法与双手接中部位的球相同，但要求两臂必须向前上方迎球伸出。

3. 双手接低部位的反弹球

动作要领：接球时要及时跨步迎球，上体向前倾，眼睛注视来球方向，两臂向前下方伸出迎球，掌心斜对来球的反弹方向，五指放松自然张开；手指触球后，两手握球顺势将球引至胸腹之间，保持身体平衡，呈基本站立姿势。

动作要求：跨步迎球要及时，手臂下伸要快。

4. 单手接球

动作要领：原地用单手接球时，接球手向来球方向伸出，五指自然分开，掌心正对来球，手腕、手指放松。当手指触球时，顺球的来势迅速后引手臂，置球于身体前方或体侧，另一手迅速扶球，保持身体平衡，做好下一次进攻的准备。在移动中接球时，要判断来球的时间和落点，及时向来球方向跨步移动，接球后要迅速降低重心，衔接下一个进攻动作。

动作要求：手指自然分开伸臂迎球，触球后引要快，另一手及时扶球。

三、运球

运球按动作位置变化可以分为原地运球和行进间运球两大类。运球基本技术可以分为以下几种。

1. 高运球

动作要领：运球时两腿微屈，上体稍向前倾，眼睛平视，以肘关节为轴，前臂自然伸屈，用手腕、手指柔和而有力地按拍球的后上方。球的落点控制在运球手臂的同侧脚的外侧前方，球的反弹高度在腰胸之间。

动作要求：手按拍球的部位要合理，手脚配合协调。

2. 低运球

进攻队员在被对手紧逼或受到抢阻时，常采用低运球以保护球或摆脱防守。

动作要领：两腿迅速弯曲，重心下降，上体向前倾，球的落点在体侧，用上体和腿保护球。同时，用手腕和手指短促地按拍球的后上方，使球控制在膝关节的高度，两腿用力向后蹬，继续快速前进。行进间低运球时按拍球的后上方或后侧方。

动作要求：降低重心，上体向前倾，按拍球短促有力。

3. 运球急停急起

这是在运球前进时，进攻队员利用速度变化摆脱防守的一种方法。

动作要领：在快速运球中突然急停时，采用跨步急停，使重心降低，用手按拍球的前上方，使球停止向前。运球急起时，两脚用力向后蹬，上体急剧向前倾，同时按拍球的后上方，人、球同步快速前进。

动作要求：转移重心要快，脚蹬、抵地要有力，按拍球的部位要准确，手、脚、躯干协调一致。

4. 体前变向不换手运球

动作要领：以右手运球为例。当在体前变向时，将球从身体右侧拍向体前中间的位置，再将球迅速地拨回右侧；然后按拍球的后上方，左脚向右侧前方跨出，上体向右转，侧肩挡住对手，从防守的左侧突破，继续运球前进。

动作要求：转移身体重心要迅速，按拍球部位要正确、熟练。

5. 体前变向换手运球

动作要领（见图 6-8）：以右手运球为例。运球队员从对方右侧突破时，先向防守左侧做变向运球假动作。当对方向左侧移动堵截时，运球队员突然按拍球的右后上方，使球经自己体前右侧反弹至左侧前方；同时右脚向左前方跨出，上体向左转，侧肩挡住对方；再换左手按拍球的后上方，左脚跨出并用力蹬地加速，从对方的右侧突破。

动作要求：变向时降低重心，转体探肩蹬跨要突然，还原要快速有力，换手变向后加速要快。

6. 运球转身

动作要领（见图 6-9）：以右手运球为例。变向时，左脚在前为轴，向左后转身的同时，右手将球拉至身体的后侧方，并拍球使其落在身体的外侧方；然后换左手运球，加速前进。

图 6-8　体前变向换手运球动作要领

图 6-9　运球转身动作要领

动作要求：运球要有力，转身要迅速，重心不要起伏，按拍球的部位要准确，蹬、转、拍协调连贯。

7. 背后运球

动作要领：以右手运球为例。从背后换手时，右脚向前跨，右手将球拉到右侧身后，迅速转腕按拍球的右后方，使球从背后反弹至左侧前方，左脚同时向左前方跨出，换左手运球加速前进。

动作要求：拍球的方法要准确，变化要迅速，跨步及时，重心跟上。

8. 胯下运球

动作要领（见图 6-10）：变向时，左脚在前，右手按拍球的右侧上方，使球从两腿之间穿过，反弹到身体左侧；然后换右脚在前，左手运球，加速前进。

动作要求：拍球时变化要迅速，手要及时拍到球，重心要保持好。

图 6-10　胯下运球动作要领

四、投篮

投篮的动作要领很多，按照持球方法的不同可分为双手投篮和单手投篮。这两种投篮方法均可在原地和移动中完成。投篮基本技术可以分为以下几种。

1. 原地单手肩上投篮

动作要领（见图 6-11）：以右手投篮为例。右脚在前，左脚在后，两膝微屈，重心落在两脚前脚掌上；右手五指自然分开，翻腕持球的后部稍下部位，左手扶在球的侧上方，举球于同侧头或肩的前上方，目视球篮，上臂与肩关节平行，上臂、前臂约成 90°，肘关节内收。投篮时，下肢蹬地发力，身体随之向前上方伸展，同时抬肘向投篮方向伸臂，用手腕前屈和手指拨球的动作，将球柔和地从食指、中指指端投出，手臂要随球自然跟送，脚跟提起。

动作要求：上下肢协调用力，抬肘伸臂要充分，手腕前屈，手指柔和地拨球将球投出，用中指、食指控制方向。

2. 原地双手胸前投篮

动作要领（见图 6-12）：双手持球于胸前，肘关节自然下垂，两脚左右或前后开立，两膝微屈，重心落在两脚之间，目视瞄准点。投篮时，两脚蹬地，上肢随着脚蹬地向前上方伸展，两手腕同时外翻，拇指下压，手腕前屈，食指、中指用力拨球，使球通过拇指、中指指端投出。球出手后，两手自然向下外翻，脚跟提起，身体随投篮出手方向自然伸展。

动作要求：自然屈肘下垂，投篮时两臂用力要均衡，前臂内旋，手指拨球用力与下肢动作要协调一致。

图 6-11 原地单手肩上投篮动作要领

图 6-12 原地双手胸前投篮动作要领

3. 行进间单手肩上高手投篮

动作要领：以右手投篮为例。右脚跨出一大步的同时接球，接着左脚跨出一小步并用力蹬地起跳，右腿屈膝上抬，同时举球至头上方。当身体接近最高点时，右臂向前上方伸展，手腕前屈，食指、中指用力拨球，通过指端将球投出。

动作要求：节奏要清楚，起跳要充分，举球、伸臂、屈腕、拨球动作连贯，用力适度。

4. 行进间单手肩上低手投篮

动作要领（见图 6-13）：以右手投篮为例。右脚跨出一大步的同时接球，接着左脚跨出一小步并用力蹬地起跳，右腿屈膝上抬，身体重心向前移，双手向前上方举球。当身体接近最高点时，左手离球，右手向外旋，掌心向上托球，并充分向球篮上方伸展，接着屈腕，食指、中指用力拨球，通过指端将球投出。

图 6-13　行进间单手肩上低手投篮动作要领

动作要求：腾空时身体向前上方充分伸展，投篮出手前要保持单手低手托球的稳定性，指、腕上挑动作要协调。

5. 原地跳起单手肩上投篮

跳起投篮，简称跳投，具有突然性强、出球点高和不易防守的优点，可与传球、运球突破等动作结合，能在原地、行进间急停或背对球篮，接球后转身等情况下运用。原地跳起单手肩上投篮是在原地单手肩上投篮基础上发展出的一种投篮方式，动作要领与原地单手肩上投篮基本相同，只是先跳起再完成投篮动作。

动作要领：以右手投篮为例。两手持球于胸前，两脚左右或前后开立。两膝微屈，重心落在两脚之间。起跳时，迅速屈膝，脚掌用力蹬地向上起跳，同时双手举球到右肩上方，右手持球，左手扶球的左侧方。当身体接近最高点时，左手离球，右臂向前上方伸展，手腕前屈，食指、中指拨球，通过指端将球投出。落地时，屈膝缓冲。

动作要求：起跳要垂直向上，起跳与举球、出手动作应协调一致，在接近最高点时出手。

五、持球突破

持球突破依据持球者支配球的状态可分为原地持球突破和运球突破。原地持球突破依据动作结构又可分为原地交叉步持球突破和原地同侧步持球突破。

1. 原地交叉步持球突破

动作要领：以右脚做中枢脚为例。突破时，左脚向前方跨出半步，做向左突破的假动作。当对手重心向右移动时，左脚前脚掌内侧蹬地，向对手左侧跨出一大步，同时上体向右转探肩，贴近对手；球移至右手，向左脚斜上方推放球，右脚迅速蹬地，加速超越对手。

动作要求：假动作要逼真，后蹬要有力，动作连贯。

2. 原地同侧步持球突破

动作要领：以左脚做中枢脚为例。突破时，左脚内侧蹬地，右脚迅速向对方左侧方跨出一大步，同时向右侧转体探肩，重心向前移，球移至右手并推放球至右脚斜前方，左脚迅速跨步抢位，加速超越对手。

动作要求：跨步、推放球要快速连贯，中枢脚离地前球要离手。

六、防守

（一）防守有球队员

1. 防投篮

当对方在离篮 6 米左右的范围内接到球时，威胁很大，因为他可以直接投篮。防守队员要站在对方与球篮之间，采用斜步防守，同方方保持一臂的距离。防守队员要全神贯注，注意对方眼神和重心位置的变换，判断对方的进攻意图。

2. 防突破

防对方持球突破，要根据对方习惯、技术特点采取相应对策。

3. 防运球

当对方在离篮 7 米以外持球，投篮的准确性又较差时，进攻队员往往选择运球逼近球篮，这时，防守队员的主要任务是防运球。

4. 防传球

当对方善于传球助攻时，防守队员要积极阻挠其传球。

5. 抢球

抢球是从进攻队员手中夺取球的方法，多在防守队员离持球者近，而且持球者对球保护不好时运用。

6. 打球

打球是指击落对方手中球的方法，包括打原地持球者的球、打运球者手中的球和打行进间投篮者手中的球三种。

7. 盖帽

进攻队员投篮或上篮时，当球离手的一刹那，防守队员立即跳起将球打落，称为“盖帽”。“盖帽”前要根据进攻队员的投篮动作和身高、弹跳等特点，降低重心，迅速移动，选择有利位置，准确判断对方起跳及出球时机。

（二）防守无球队员

1. 防摆脱

在人盯人防守的情况下，防守队员要根据对方所处的位置不断调整自己的防守位置和距离，始终在自己的视野内注意球和对方的动向，防止对方摆脱防守，进入有威胁的区域或接球进攻。

2. 防纵切和防横切

防对方从自己身前切入篮下，包括两种情况：第一种情况是球在强侧（有球一侧）时，防守圈顶位置上的纵切。第二种情况是球在一侧时，防守另一侧45°位置上的横切。技术运用关键：卡堵要快而有力，坚决切断对方向球的切入路线，迫使其向远离球的方向移动；对方由弱侧（无球一侧）变为强侧时，应及时调整速度、动作方向、步法和距离，继续跟防。

3. 断球

断球是截获对方传接球的方法。根据传球方向和防守队员断球前所处的位置，一般分为横断球、纵断球和封断球三种。

七、抢篮板球

抢篮板球可分为抢进攻篮板球与抢防守篮板球两大类。

（一）抢进攻篮板球

动作要领：当同伴或自己投篮时，处在近篮区的进攻队员首先应判断球的反弹方向，然后向相反方向的侧前方跨步，做身体虚晃的假动作，诱开身前的防守队员，利用绕跨步挤到对方的前面或侧前面，抢占有利位置，借助跨步或助跑起跳，至最高点补篮或抢篮板球。

动作要求：进攻队员首先要做出准确判断，然后向相反方向侧跨步，抢占有利位置，及时起跳，跳至最高点补篮或抢篮板球，进攻队员抢篮板球要强调一个“冲”字。

（二）抢防守篮板球

动作要领：保持正确的站位姿势，即两膝弯曲，上体稍向前倾，重心放在两脚之间，两臂屈肘侧张占据较大面积。当对方投篮出手后，应注意对方的动向，并根据当时与进攻队员所处的位置和距离，运用上步、撤步和转身抢占有利位置，把进攻队员挡在身后，同时还要判断球的落点准备起跳。

动作要求：防守队员要先准确判断球的方向和落点，抢占有利位置，运用移动和转身动作，合理挡住对方向篮下冲跑的路线。

专题二　篮球基本战术与竞赛规则简介

一、进攻战术

（一）传切配合

传切配合是指进攻队员之间利用传球和切入技术所组成的简单配合，包括一传一切和空切配合。

1. 一传一切配合

指队员传球后，利用启动速度或假动作摆脱防守，向篮下切入接回传球投篮的配合。

2. 空切配合

指无球的队员掌握时机，摆脱防守，切向防守空隙区域接球投篮或做其他进攻动作。

（二）掩护配合

掩护队员采用合理的行动，用自己的身体挡住同伴防守队员的移动路线，使同伴借以摆脱防守，或利用同伴的身体和位置使自己摆脱防守的一种配合方法。

（三）突分配合

突分配合是指持球队员突破后，遇到对方补防或者协防时，及时将球传给处于最佳进攻位置的同伴进行攻击的一种配合方法。

（四）策应配合

策应配合是指进攻队员背对或侧对球篮接球后，通过多种传球方式与外线队员的空切、绕切相结合，借以摆脱防守，创造各种里应外合进攻机会的配合方法。

二、防守战术

在篮球竞赛中，防守队员两三人之间所采用的协同防守配合称为防守战术基础配合，包括挤过、穿过、绕过、夹击、关门、补防、交换防守及围守中锋等。下面介绍三种基础防守配合。

（一）挤过配合

挤过配合是指对方进行掩护时，防守队员在掩护队员接近自己的一刹那，迅速抢前横跨一步贴近自己的对手，并从两个进攻队员之间侧身挤过去，继续防守自己对手的配合方法。

（二）穿过配合

穿过配合是指当进攻队员掩护时，防守掩护者的队员及时提醒同伴，并主动后撤一步，让同伴及时从自己和掩护队员之间穿过去，继续防守自己对手的配合方法。

（三）交换防守配合

交换防守配合是指进攻队员在做掩护配合时，防守掩护者的队员与防守被掩护者的队员及时主动地交换自己所防对手的配合方法。

三、篮球竞赛规则简介

（一）比赛

篮球比赛每场时间可分为两个半时，每半时 20 分钟；也可分为四节，每节 12 分钟。第一和第二节、第三和第四节中间的休息时间分别为 2 分钟；半场休息时间为 10 分钟或 15 分钟。若在比赛结束时两队比分相等，可再进行 5 分钟的决胜期比赛；若比分仍相等，可再进行 5 分钟比赛，直至决出胜负。比赛开始时，球队在场上比赛队员不足 5 人，判该队弃权，对方获胜。

（二）暂停

每队每半时内允许申请两次暂停，每个决胜期中每队都有一次暂停机会。每次暂停必须由教练员直接向记录台提前申请，遇有机会，记录台立即发出暂停信号。在信号发出前，教练员可以请求撤销此次暂停。暂停机会可以不用，但不能挪用。每次暂停时间为 1 分钟。遇到下列情况之一者均可申请暂停：

（1）宣判争球时。

（2）宣判犯规时。

（3）宣判违例时。

（4）对方投中篮时。

（5）因特殊情况裁判员可鸣笛暂停，但教练员不能进场指导。

暂停 50 秒后，记录员应发出信号通知裁判员，某队每消耗 1 分钟即给该队登记一次暂停。

（三）违例

违犯规则的行为称为违例。判罚：违例队失去球权，将球判给对方队，并在最靠近违例的地点掷界外球，直接位于篮板后面的地方除外。

1. 3 秒违例

某队控制球时，该队队员在对方的限制区内停留不得超过持续的 3 秒钟。

2. 5 秒违例

在罚球、掷界外球和队员持球时被对方严密防守，在 5 秒钟内没有投、传、滚或运球应判违例。

3. 10 秒违例

进攻队在后场控制活球时，该队必须在 10 秒内使球进入前场，否则违例。

4. 24 秒违例

当一名队员在场上控制一个活球时，该队必须在 24 秒钟内完成投篮，否则违例。24 秒的计时应注意：球出界，由原控制球队掷界外球；裁判员中止比赛以保护控制球队的受伤队员时，24 秒应从中断时连续计算。

5. 掷界外球违例

掷界外球球员在球接触了另一名队员前，在场内与球接触；在球离手时踏到场地；在球离手前，消耗的时间超过 5 秒钟；掷界外球离手后，在球接触场上队员前，球触及界外或停留在篮圈支颈上，或进入球篮。

6. 带球走违例

运球时，在球离手前中枢脚不可以抬起。

7. 球回后场

控制球队在前场控制球时，不得使球回后场（中线属后场），否则违例。

（四）犯规

犯规是指违反规则的行为，含有身体接触和不道德的举止。

1. 侵人犯规

侵人犯规是指在活球、球进入比赛状态，或死球时涉及与对方队员接触的队员犯规。侵人犯规中，有阻挡、拉人、推人、撞人以及非法用手、肘等犯规。判罚：登记犯规队员一次犯规；对投篮队员犯规则判给二次罚球（三分线外投篮给予三次）。

2. 双方犯规

双方犯规是指两名队员同时互相犯规的情况。判罚：登记每位犯规队员一次侵人犯规；由双方犯规队员在最近的圆圈内跳球重新开始比赛；若在犯规的同时投球命中得分，要由得分的对方队员在端线外掷界外球，比赛重新开始。

3. 违反体育道德的犯规

裁判员认为队员蓄意地对持球或不持球的对方队员造成侵人犯规为违反体育道德的犯规。对屡次违反体育道德犯规的队员可取消其比赛资格。

4. 取消比赛资格的犯规

十分恶劣、不道德的犯规为取消比赛资格的犯规。判罚：登记一次犯规；判给对方罚球再加一次中线掷界外球权。

5. 技术犯规

双方在比赛中，故意或一再违反比赛规则来取得不正当利益的技术性犯规，应判技术犯规。凡属技术犯规，裁判员应按规则规定严格要求，根据犯规队员、替补队员、随队人员及教练员的行为严重程度，分别给予警告、判罚，甚至取消其比赛资格。

（五）换人

替补队员必须在做好准备后，亲自到记录台前报告被替换队员的号码，然后坐在替补队员席上。遇有下列机会，记录台鸣笛通知临场裁判，经准许后方可换人。

（1）宣判暂停时。

（2）宣判跳球时。

（3）宣判犯规时。

（4）队员受伤不能继续比赛时。

（5）掷界外球的队换人时，另一方也可以换人。

替换应尽快完成，如果裁判认为换人队无理由地延误时间，应登记换人队一次暂停。同一替换期已被替换出场的队员不得再进入场地。

单元七 排球

学习目标：

1. 了解排球运动的特点及功能。

2. 掌握排球运动的基本技术，包括准备姿势、移动步法、发球技术、垫球技术、传球技术、扣球、拦网技术等。

3. 熟悉排球运动基本的竞赛规则。

素质目标：

排球运动需要队员综合运用跑、跳、滚翻等技术动作进行密切的团队配合，还要经常进行弹跳扣球，对腿部肌肉、腰腹部肌肉、上肢肌肉都有非常充分的锻炼。由于对抗强度大，排球运动除了锻炼大腿、腰部等核心肌肉群，还能消耗身体中多余的脂肪，让身体更加健美。

排球运动有着百余年历史，其技术动作细腻多样，战术形式丰富多彩。与比赛有关的几种主要基本技术较易学习、掌握，排球场地、设施和规则也较简单，适合各种年龄、性别和不同训练程度的人群开展。排球运动对于提高人们的灵敏度和弹跳力，培养团结协作和顽强拼博的精神，有着良好的促进作用。

专题一 排球基本技术

排球技术分为两大类：一类是有球技术，以根据战术目的将球击至某一特定位置为目标，包括发球、垫球、传球、扣球和拦网；另一类为无球技术，以如何更好地帮助有球技术的完成为目标，包括准备姿势和移动，也称为配合动作。

一、准备姿势和移动

准备姿势和移动是排球运动中的无球技术，是完成发球、垫球、传球、扣球和拦网等各项有球技术的前提和基础。

（一）准备姿势

准备姿势是指在进行移动和各种击球动作前所采用的合理的身体姿势，为移动和击球做好充分的准备，为更快捷、准确地完成击球动作创造条件。按照身体重心的高低，准备姿势可分为半蹲准备姿势、稍蹲准备姿势和低蹲准备姿势三种。半蹲准备姿势用于接大力发球和扣球；稍蹲准备姿势用于来球速度较慢、弧度较高的传球、垫球和准备接应的助跑；低蹲准备姿势用于防守靠近球网的球和拦网。

1. 半蹲准备姿势

动作要领（见图 7-1）：两脚前后或平行开立，比肩稍宽，脚尖适当向内收，脚跟稍向上提起，两膝关节弯曲，膝部的投影线落在脚尖前方，上体向前倾，重心靠前。两臂放松自然弯曲，双手置于腹前注视来球，两脚微动，全身处于蓄势待发状态。

动作要求：屈膝提踵，含胸收腹，微动。

2. 低蹲准备姿势

动作要领（见图 7-2）：两脚前后、左右距离要稍远一些，两脚跟稍向上提起，后脚跟稍高，身体的重心应落在两脚的内侧，两膝弯曲度要比其他两种准备姿势大，近似全蹲，手臂前伸或置于胸腹前。

3. 稍蹲准备姿势

动作要领（见图 7-3）：稍蹲准备姿势比半蹲准备姿势重心稍高，动作要领相同。

图 7-1 半蹲准备姿势动作要领

图 7-2 低蹲准备姿势动作要领

图 7-3 稍蹲准备姿势动作要领

（二）移动

移动是指从启动到制动之间的人体位移。移动的作用是及时接近球，保持好人与球之间的位置关系，以便完成击球。是否能及时地移动到位，是完成技术的关键。移动是由启动、移动步法和制动三个环节完成的。

1. 启动

动作要领：在准备姿势的基础上，迅速收腹，使身体重心倾向移动方向，同时异侧腿迅速蹬地，使整个身体急速向来球方向启动。

动作要求：抬腿蹬地，破坏平衡。

2. 移动步法

（1）并步与滑步：以向前移动为例。后腿蹬地，前脚向来球方向跨出一步，后腿迅速跟上做好击球准备。连续并步就是滑步，当来球和身体相距一步左右时可采用。

（2）交叉步：以右交叉移动为例。上体稍向右转，左脚从右脚前面向右交叉迈出一大步，同时身体转向来球方向，保持击球前的姿势。

3. 制动

制动是移动的结束，也是击球动作的开始。在快速移动后，为了保持稳定的击球姿势，必须经过制动克服身体移动的惯性，以便完成下一个击球动作。常用的制动方法主要有以下两种。

（1）一步制动法。一步制动时，先跨出一大步，降低重心，膝部和脚尖适当向内转，全脚掌横向蹬地，以抵住身体重心继续移动的惯性力，并以腰腹力量控制上体，使身体重心的垂直线落在脚的支撑面以内。

（2）两步制动法。即以倒数第二步开始做第一次制动，紧接着跨出最后一步做第二次制动。

二、发球

发球是排球比赛中一项重要的进攻技术，是唯一不需要同伴配合，不受对方干扰与他人制约的技术。不仅可以直接得分，而且可以破坏对方的进攻。因而，准确而有攻击性的发球是直接进攻的手段。要掌握的基本发球技术有：正、侧面下手发球，正面上手发球和正面上手飘球。

（一）正面下手发球

正面下手发球动作简单易学，发球失误少，准确性高，但发出的球力量小，球速慢，攻击性差，适宜初学者。

动作要领（见图 7-4）：

图 7-4 正面下手发球动作要领

（1）准备姿势：面对球网，两脚前后开立，左脚在前，右脚在后，两膝弯曲，上体向前倾，左手持球于腹前。

（2）抛球：左手将球垂直上抛至右肩的前下方，离手高度约 20 至 30 厘米。在抛球的同时，右臂伸直向后摆，身体重心适当向后移。

（3）击球：以肩为轴，手臂由后经下方向前摆动，身体重心随之向前移，在右肩的前下方腹前高度用全掌、掌根或虎口击球后下方。击球后，迅速跨入场地。

（二）侧面下手发球

侧面下手发球动作简单易学，发球失误少，但攻击性不强，适合初学者使用。

动作要领如下：

（1）准备姿势：左肩对网站立，两脚左右开立与肩同宽，两膝微屈，上体稍向前倾，左手持球于腹前。

（2）抛球：左手持球由小腹前高度将球垂直上抛至身体的下前方，离手高度约 30 厘米，离身体约一臂距离，同时右臂摆至右侧后下方。

（3）击球：抛球引臂后，利用右脚蹬地和向左转体的动作，带动右臂迅速向前挥动，在体前腹部高度用虎口或全掌击球后下方。击球后，身体应转动面向球网，并顺势入场。

（三）正面上手发球

正面上手发球时，要正面对球网站立，便于观察，发球准确性较高，击球点高，可以充分利用胸腹和上肢的爆发力击球。发出的球弧度平、速度快、力量大，还能发出有各种变化的旋转球。

动作要领（见图 7-5）：

（1）准备姿势：面对球网，左、右脚前后站立，左脚在前，左手持球于身前。

（2）抛球引臂：左手将球平稳向右肩前上方抛起，抛至超过击球点约两个球高。同时，右臂抬起，屈肘后引，肘部与肩齐平，手掌自然张开，上体稍向右侧转动，抬头、挺胸、展腹，身体重心向后移。

（3）挥臂击球：击球时，利用蹬地和快速收腹动作，带动手臂迅速而猛烈地向前上方挥动，手臂伸直在右肩前上方最高点，以全手掌击球后中下部。手掌触球时，手腕继续有一个向前压的动作，使球向前旋转飞行。

动作要求：抛球，弧线挥臂。

图 7-5　正面上手发球动作要领

（四）正面上手飘球

正面上手飘球与正面上手发球动作相似，击球的作用力要穿过球体重心，使发出的球不旋转而飘荡向前飞行。发球的攻击性强，成功率高。

动作要领（见图 7-6）：

（1）准备姿势与正面上手发球相同。

（2）抛球引臂：左手将球平稳地抛在右肩的前上方，离身体稍远，抛球至离手约一臂高度，球不能旋转。同时，右臂上举后振，肘高于肩。

（3）挥臂击球：当球上升到最高点时，向前上方猛烈挥臂，五指并拢，手腕稍向后仰，小臂向前突然加速，用掌根平面击球的中下部，作用力通过球体重心。击球前后手型固定，不加推压动作，并有手臂突停动作。

动作要求：抛球，直线挥臂，短促击球，作用力通过球体重心。

图 7-6　正面上手飘球动作要领

（五）发球技术练习方法

（1）徒手练习。按照动作要领，徒手模仿练习。

（2）抛球练习。要求做到球不旋转，位置固定。

（3）练习对墙发球，距离由近到远。

（4）两人一组对发球练习，距离由近到远，掌握发球的落点。

（5）练习隔网发球。两人一组隔网发球，距离逐渐加大。

（6）在发球区练习发球。

三、垫球

垫球是排球运动的基本技术之一，是用手臂从球的下部利用来球的反弹力向上击球的技术动作，主要用于接发球、接扣球、接拦回球，有时也用来组织进攻。垫球是排球技术中比较简单易学的一种击球动作。垫球的基本方法有：正面双手垫球、体侧垫球、单手垫球、背向垫球、低姿垫球和挡球。

（一）正面双手垫球

正面双手在腹前垫击来球，是最基本的垫球方法，是各种垫球技术的基础。稳定性高，适合于接各种发球、扣球和拦回球。

动作要领（见图 7-7）：

（1）准备姿势：呈稍蹲或半蹲准备姿势，重心稍靠前，两臂自然弯曲，两手置于腹前。

（2）击球手型：主要有抱拳式和叠掌式两种。抱拳式：双手抱拳互握，两拇指平行向前，两掌根和两小臂外旋紧靠，手腕朝下压，使前臂形成一个垫击平面。叠掌式：双手掌根靠紧，两手手指重叠互握，两拇指平行朝前。

（3）击球部位：触球时，两手靠拢伸直，用前臂腕关节以上 10 厘米处，桡骨内侧合成的平面击球。

（4）击球：当球飞到腹前一臂距离时，两臂快速前伸插入球下。击球时，蹬腿提腰，重心随之向前移，夹紧手臂，含胸收肩，压腕向前方蹬地抬臂，击球点在腹前约一臂距离处。垫球瞬间，两臂要保持平稳固定，身体自然地随球动作。

（5）击球用力：如果来球的力量小或垫出的球距离远，垫击必须加上抬臂动作，给球以反击力；如果来球的力量大或垫出的球距离近，则只需轻轻一垫，靠球的反弹力垫起；如果来球力量很大，则手臂需顺势后撤，加上含胸收腹的协调力，使球得到缓冲后垫出。

动作要求：注意手型、触球部位、击球点要正确，“插、夹、提”的击球动作协调用力。

图 7-7　正面双手垫球动作要领

（二）体侧垫球

动作要领（见图 7-8)：从左侧垫球时，先以右脚前脚掌内侧蹬地，左脚向左跨出一步，身体重心随即移至左脚上，并保持两膝弯曲状态。同时，两臂向左侧伸出，左臂高于右臂，右肩微向下倾斜，两臂组成的击球面对准来球并拦击来球。击球时，以腰部发力，借助左脚蹬地的力量，使身体重心微向内转，同时提肩抬臂将球垫起。

动作要求：击球面要正确，转腰收腹协调用力。

图 7-8　体侧垫球动作要领

（三）单手垫球

当来球速度快或距离远，来不及用双手垫球时可采用单手垫球。单手垫球的优点是动作快，控制范围大。缺点是击球面小，控制能力差，多在无法用双手垫球的情况下采用。

动作要领：单手垫球的手法多种多样，在体侧宜用虎口或小臂击球，在体前可用手背平面击球。击球时，手臂要伸直，有抬击动作，把球垫起。体前的低球也可以用手掌垫球，手腕应保持紧张状态，不宜屈腕。体侧的单手垫球方法：一脚迅速向侧前方跨出一大步，重心移至跨出的腿上，跨出腿的同侧臂迅速伸出，击球的后下部。

动作要求：击球面要正确。

（四）背向垫球

背向垫球大多用于接应同伴垫飞的球或将球处理过网。

动作要领：背垫时，首先判断来球的落点、方向和离网的距离，迅速移动到球的落点处，背对出球方向。两臂夹紧伸直、插到球下。击球时，蹬地、抬头、挺胸、展腹，直臂向后上方摆动击球。在垫低球时，也可利用屈肘、翘腕动作，以虎口处将球向后上方垫起。

动作要求：抬头挺胸展腹，发力。

（五）低姿垫球

当来球很低，落点在身体前面一步距离时，球员深蹲降低身体重心，双手贴近地面向上垫击球的动作称为低姿垫球。

动作要领（见图 7-9）：前脚尖指向垫出方向，大小腿贴紧，后脚跟离地，上体向前倾，两肩自然下垂向前压低，手臂贴近地面插到球下，肘部尽量下降并置于膝部内侧，双手合拢，用前臂或虎口上部击球后部，垫击时身体重心随球上升，适当用力。如果来球力量大，要稍有后撤缓冲动作；来球力量小时，可以用屈肘、翘腕动作将球垫起。

图 7-9　低姿垫球动作要领

（六）挡球

当来球较高，不便用手臂垫击时，用双手或单手在胸部以上挡击来球的击球动作，称为挡球，可分为双手挡球和单手挡球。双手挡球多用于挡击力量大、速度快的来球；单手挡球多用于挡击力量较轻、头部上方或侧上方的来球。

动作要领如下：

（1）双手挡球：手型有两种，一种是抱拳式，两肘弯曲，一手半握拳，另一手外包；另一种是并掌式，两肘弯曲，两虎口交叉，两臂外侧朝内，合并呈勺形。挡球时，手臂屈肘上举，肘部向前，手腕向后仰，用双手手掌外侧和掌根组成的平面挡击球的后下部。击球瞬间，手腕要紧张，用力适度。

（2）单手挡球：挡球时，手臂屈肘上举，肘部向前，手腕向后仰，用掌根或拳心平面击球的后下部。击球瞬间，手腕保持紧张状态。如来球较高，还可跳起挡球。

动作要求：手腕保持紧张状态，击球部位要准。

四、传球

传球是排球比赛中用于防守和反攻的衔接技术，是通过手腕手指的弹力去迎击球的技术动作。传球的基本技术有正面双手传球、顺网侧传和背传。

（一）正面双手传球

正面双手传球是最基本的传球方法，传球的准确性和稳定性高。

动作要领（见图 7-10）：

（1）准备姿势：采用稍蹲准备姿势，上体伸直，重心靠前要稳，抬头看球，双手自然抬起置于脸前。

图 7-10　正面双手传球动作要领

（2）击球：当球下降至额前上方一球的距离时，蹬地伸膝、伸臂，两手在额前上方迎击球。

（3）击球手型：手触球时，两手张开呈半球形，手腕稍向后仰，保持适当的紧张度，两拇指相对呈“一”字或“八”字形，以拇指内侧、食指全部和中指的第二、三指节触球的后部，两手间距离适宜。

（4）用力：利用蹬地、伸臂、挺胸、展腹、抬臂、手腕手指的弹力，以及球的反弹力将球传出。

动作要求：额前迎击球，触球手张开，蹬地伸臂协调用力。

（二）顺网侧传

顺网侧传时，身体不转动，传球具有一定的隐藏性。

动作要领：准备姿势、击球动作、手型与正面双手传球相同，击球保持脸向前或稍偏向传球一侧。用力时，蹬地后上体要向出球方向倾斜，双臂向传出一侧用力伸展，异侧手臂动作幅度较大，伸展较快。

动作要求：用力向侧方倾斜。

（三）背传

背对目标传球，可以变化传球路线，组织多变的战术配合，但准确性较差。

动作要领（见图 7-11）：上体比正面双手传球时稍伸直，背对传球目标站立，身体重心稳定在两脚之间，双手自然抬起于脸前。迎击球时，双手上举，挺胸，掌心稍向上，手腕向后仰，利用蹬地、上体后仰、展腹、抬臂、伸肘及手腕手指的弹力，在额上方击球的后下部将球送出。

图 7-11　背传动作要领

动作要求：协调用力。

五、扣球

扣球是身体在空中完成的击球动作，每个扣球动作由助跑、起跳、空中击球和落地四个相互衔接的环节完成。扣球中最基本的技术是正面扣球。

正面扣球面对球网，便于观察来球和对方的防守情况，准确性和成功率高，适用于强攻、快攻、后排进攻和近网扣球。

动作要领：

（1）助跑：采用稍蹲准备姿势，站在距离球网 3 米左右处，眼睛观察来球，准备启动；助跑时（以右手扣球两步助跑为例），左脚放松而自然地向起跳方向迈出一步，紧接着跨出右脚，支撑点落在身体重心之前，并以脚跟先着地，两臂由体前经体侧摆至体后正下方，上体向前倾，重心向前移，着地的右脚迅速由脚跟过渡到脚掌；同时左脚在右脚前方着地，两膝弯屈，上体稍向右转。

（2）起跳：在助跑跨出最后一步时，两臂从后迅速向前摆动；同时双脚踏地向上跳起，两臂快速向上摆，配合起跳。

（3）空中击球：起跳使身体腾空后，左臂摆至身体的前上方，右臂向后上方抬起，肘高于肩，展腹、挺胸，身体呈反弓形；挥臂击球时，以迅速转体、收腹动作发力，前臂加速上摆，依次带动肩、肘、腕各部位做“鞭打”动作，整个手臂甩直呈弧形前摆至右肩的前上方击球点击球；击球时，整个手掌面呈勺形包住球，并有一个向前推压的动作，击球的后中上部。

（4）落地：扣球后，身体要平稳自然下落，力争用双脚的前脚掌同时先着地，并迅速过渡到全脚掌；同时顺势收腹、屈膝，缓冲下落的力量，并立即做好下一个动作的准备姿势。

动作要求：助跑起跳时机准确，人、球位置适当，上肢加速做“鞭打”动作，用全手掌包球推压击球，屈腕。

六、拦网

拦网是排球比赛中的第一道防线，可减轻本方后排的防守压力。同时，它也是一项进攻技术，可以直接拦死、拦回、拦起对方的扣球，是反攻的重要环节，也是得分的重要手段。因此，拦网是具有攻防双重性的技术。拦网技术由准备姿势、移动、起跳、空中击球和落地五个环节组成。基本的拦网技术是单人拦网。

单人拦网的动作简单易学，但在比赛时运用此技术来取得效果的难度则较大。

动作要领（见图 7-12）：

（1）准备姿势：面对球网，两脚平行开立，约与肩同宽，双膝稍屈，两手自然弯曲置于胸前，密切注视对方动向，随时准备移动和起跳。

（2）移动：根据不同情况可灵活运用并步、跨步、滑步、交叉步、跑步等各种步法移动至拦网位置，准备起跳。

（3）起跳：移动后使身体正对球网起跳，或在起跳后身体在空中转向球网。如采用原地起跳，则两脚用力蹬地，两臂在体侧划小弧用力上摆，带动身体垂直起跳。起跳后挺胸收腹，控制平衡，延长滞空时间；如采用移动起跳，要注意移动后的制动，使移动和起跳动作紧密衔接。

图 7-12　单人拦网动作要领

（4）空中击球：起跳后稍收腹，两手从额前向头上方伸直，两肩向上提，在拦击球时，两手自然张开呈勺形。当手触球时，两手要用力捂盖球前上方。拦击时，根据对方扣球线路的变化，两手在空中向球变线方向伸出。

（5）落地：拦球后要做含胸制动动作，以保持身体的稳定性，落地时屈膝缓冲，及时准备下一个动作。

动作要求：垂直上跳，含胸收腹，提肩伸臂，抖腕包球。

专题二　排球基本战术与竞赛规则简介

排球比赛是双方运用进攻与防守对抗并不断转换的过程，要取得比赛的胜利，必须在符合竞赛规则的前提下采用合理有效的战术。最基本的排球战术包括进攻战术和防守战术。

一、排球基本战术

（一）阵容配备

阵容配备是战术的基本条件。阵容配备就是指根据全队的特点，合理地安排场上队员技术力量的组织形式。它的目的是合理地把全队的力量搭配好，更有效地发挥每一名队员的特长和作用。根据各队不同的技术水平和战术特点，一般有以下三种阵容配备：

（1）“四二”配备，是由两名二传手和四名攻手组成的上场阵容，两名主攻、两名副攻，安排在对角的位置。

（2）“五一”配备，是由五名进攻队员和一名二传队员组成的上场阵容。

（3）“三三”配备，是由三名进攻队员和三名二传队员间隔站位组成的上场阵容。

（二）进攻战术

进攻是力争主动、夺取比赛胜利的重要手段。排球进攻战术中最基本的进攻阵型有“中二传”和“边二传”。

1. “中二传”进攻阵型

“中二传”指由前排或后排队员在前排中间 3 号位担任二传，组织其他队员进行进攻的阵型，包括前排 3 号位队员担任二传的“中二传”和后排插上成“中二传”两种形式。这里主要介绍前一种。

前排队员在 3 号位担任二传的进攻阵型，也称“中一二”进攻阵型（见图 7-13）。这种阵型的二传队员在中间，一传目标明确，比较容易到位，有利于组织进攻；但战术配合方法较少，进攻点少，战术的突然性和攻击性不强，多在队员技术水平不高，且没有掌握其他较复杂进攻战术的球队中采用。

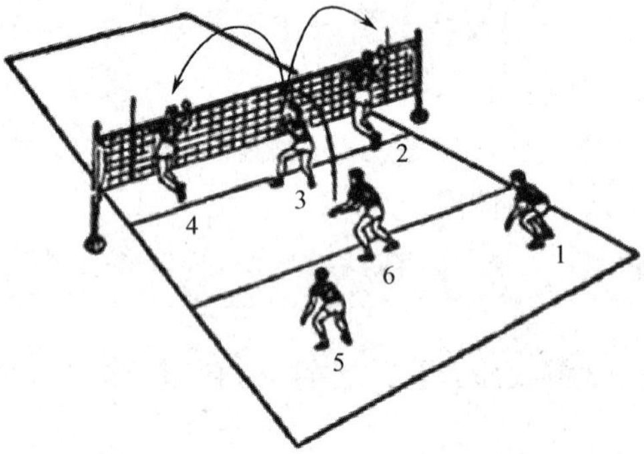

图 7-13 “中一二”进攻阵型

2. “边二传”进攻阵型

“边二传”指由一名前排或后排队员在前排 2 号位担任二传，组织其他队员参与进攻的阵型，包括前排队员在 2 号位担任二传的“边二传”和后排插上成“边二传”两种形式。这里主要介绍前一种。

前排队员在 2 号位担任二传的进攻阵型，也称“边一二”进攻阵型（见图 7-14）。这种阵型由于二传站在边位，对一传的要求较高；可以组织多变的战术配合，突击性和攻击性要比“中一二”进攻阵型强。

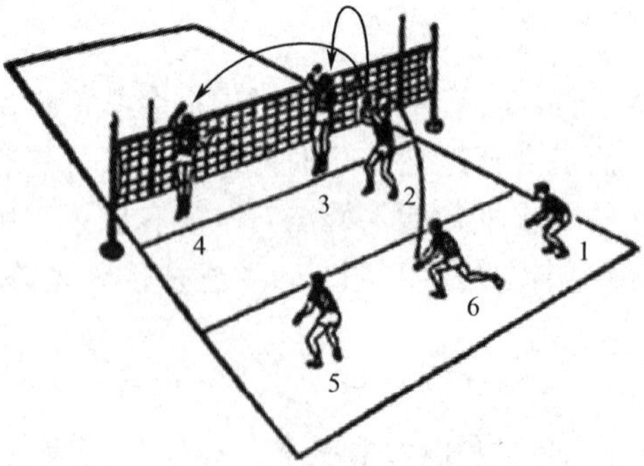

图 7-14 “边一二”进攻阵型

（三）防守战术

防守战术可分为接发球防守战术、接扣球防守战术、接拦回球防守战术和接传、垫球防守战术。

在接发球防守战术中，基本的站位阵型有 5 人接发球和 4 人接发球。5 人接发球阵型及变化如下：

（1）“W”阵型：5 名队员均衡分布，前面 3 名队员接前场区的球，后排 2 名队员接后场区的球，也称“一三二”阵型。

（2）“M”阵型：也称“一二一二”阵型，前面 2 名队员接前场区的球，中间队员接中场区的球，后面 2 名队员接后场区的球。

（3）“一”字阵型：5 名队员按“一”字形排开，左右距离较近，每人守一条线。

4 人接发球阵型主要适用于后排插上进攻战术。这类阵型中最具代表性的为“U”形阵型，4 号、2 号位队员站在边线附近，后排两名队员站在前排两名队员之间，4 人的站位形成一个“U”形弧。

二、排球竞赛规则简介

（一）排球竞赛的形式

1. 竞技排球规则

6 人制排球竞赛包括世界性、全国性及地方性比赛，均有严格的对场地、器材方面的要求及相应的裁判方法，从而保证比赛的正常进行。

2. 娱乐排球规则

娱乐排球规则以 6 人制排球竞赛规则为基础，是 6 人制排球竞赛的补充。其特点在于可根据各地实际情况和运动水平，制定出相应的竞赛规则，从而促进排球运动的广泛开展。近年来广泛开展的 4 人制、9 人制排球赛以及软式排球赛，均属此类。

（二）排球比赛的简要规则

1. 比赛特性

比赛是由后排右边队员发球开始的，球越过球网击向对区。每队可击球三次（拦网触手除外）将球击回对区，一个队员不得连续击球两次（拦网时除外）。球落地或犯规、违例即造成得分或失分。击球时，身体任何部位都允许触球（发球队员发球时必须单臂击球）。

2. 比赛方法

比赛采用每球得分制，接发球队胜一球时，获得发球权（亦得分），同时队员按顺时针方向轮转一个位置。轮转保证了队员既在前排也在后排进行比赛。一个队得 25 分，同时超过对方 2 分时，胜一局；2∶2 平局时，决胜局（第五局）得 15 分并超过对方 2 分的队则比赛获胜。比赛一般采用五局三胜制。

3. 比赛场地

排球比赛场地包括比赛场区和无障碍区。比赛场区为长 18 米、宽 9 米的长方形，其四周至少有 3 米宽呈长方形对称的无障碍区，从地面量起至少有 7 米的无障碍空间。国际比赛的场区边线外的障碍区至少有 5 米，端线后至少有 9 米，上空的无障碍空间至少有 12.5 米。

4. 主要犯规

（1）发球犯规：发球次序错误；发球队员在击球时或击球起跳时，踏及场区（包括端线）或发球区以外地面；发球队员在第一裁判鸣哨 8 秒内未将球击出；球未被抛起或未使持球手清楚撤离就击球；双手击球或单手将球抛出、推出；球被抛起准备发球，却未击球。

（2）发球击球后的犯规：球触及发球队队员或没有通过球网的垂直平面；球触网后落入对方场区外，属界外球；球越过发球掩护的个人或集体。

（3）发球次序错误（轮转错误）犯规：没有按照轮转次序进行发球，即为轮转错误犯规。

（4）位置错误犯规：当发球队员击球时，如果队员不在其正确位置上，则构成位置错误犯规。

（5）连击犯规：身体任何部位均可触球，但一名队员（拦网队员除外）连续击球两次或连续触及他身体的不同部位（第一次击球、同一个动作击球除外），则为连击犯规。

（6）持球犯规：身体任何部位均可触球，但球必须被击出，不得接住或抛出，否则为持球犯规。

（7）四次击球犯规、借助击球犯规、同时击球犯规：每队最多击球三次（拦网除外），将球从球网上方击回对区，超过规定次数的击球，即为四次击球犯规；队员在比赛场地以内借助同伴或任何物体的支持进行击球，即为借助击球犯规；同队两名或两名以上队员同时触球，即为同时击球犯规（拦网除外）。

（8）过网击球犯规：在对方场区空间击球，即为过网击球犯规。

（9）后排队员进攻性击球犯规：后排队员在前场区完成进攻性击球（或球触对方拦网队员手即被认为完成进攻性击球），并且击球时球的整体高于球网上沿，即为后排队员进攻性击球犯规。

（10）击发球犯规：在前场区对对方的发球，球的整体高于球网上沿时，完成进攻性击球，即为击发球犯规。

（11）过网拦网犯规：在对方进攻性击球前或击球的同时，在对方场区空间拦网触球，即为过网拦网犯规。

（12）后排队员拦网犯规：后排队员完成拦网或参加了完成拦网的集体，即为后排队员拦网犯规。

（13）拦发球犯规：拦对方发球，即为拦发球犯规。

（14）网下穿越、过中线犯规：从网下穿越进入对方空间并妨碍对方比赛，则为网下穿越犯规。队员的一只（两只）脚或一只（两只）手完全越过中线触及对方场区，则为过中线犯规。

（15）触网犯规：触网或触标志杆不为犯规，但队员在试图击球或影响比赛时的触网或触标志杆，即为触网犯规。

单元八 网球

学习目标：

1. 了解网球运动的特点及功能。
2. 掌握网球运动的基本技术，包括握拍法、击球技术等。
3. 熟悉网球运动基本的竞赛规则。

素质目标：

网球是一项古老时尚的体育运动，与高尔夫、保龄球、桌球并称为“世界四大绅士运动”。在运动中增强体质，学会网球的基本技术、战术，具有调整身体姿态与控球的能力。

网球是 2 人或 4 人在中间隔一网的场地上用球拍往返拍击一个有弹性的橡胶小球的球类运动。网球运动被视为促进健康、增进友谊、加强交流的一种手段。

1913 年，国际网球联合会在法国巴黎正式成立。得到国际网球联合会承认的正式个人比赛主要有：温布尔顿网球锦标赛、美国网球公开赛、法国网球公开赛、澳大利亚网球公开赛等。

专题一 网球基本技术

网球运动的基本技术包括握拍法，正反手击球、发球、接发球等。

一、握拍法

握拍是网球运动最基本的技术。正确的握拍法会让人感到球拍是手臂的延伸和手掌的扩大。初学者必须按正确的方法握拍。共有四种握拍法：东方式、西方式、大陆式和双手反拍握拍法，可根据自身的特点与习惯练习不同的握拍法。

（一）东方式握拍法

1. 东方式正手握拍法

东方式正手握拍法类似和别人握手，先把手平贴在拍面上，保持手掌与拍面平行，顺着拍面滑到拍柄，手握紧拍柄，见图 8-1。

图 8-1　东方式正手握拍法

2. 东方式反手握拍法

在东方式正手握拍法基础上向左移动四分之一，“V”形虎口对准拍柄左上斜面，拇指末节贴住左下斜面，食指第三指节压在右上斜面上。

（二）西方式握拍法

“V”形虎口对准拍柄的右垂直面，正反手用同一拍面击球，见图 8-2。

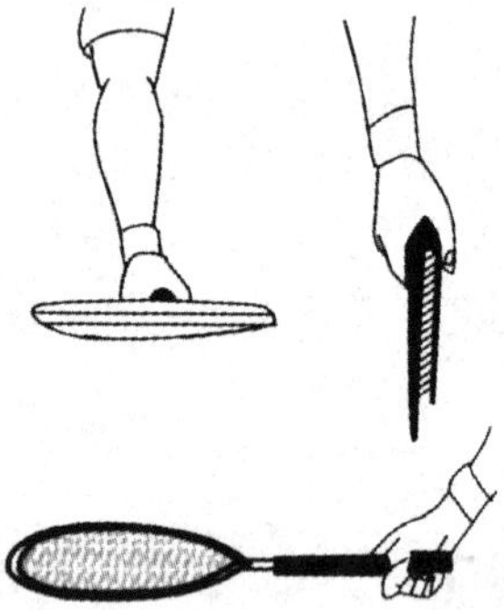

图 8-2　西方式握拍法

（三）大陆式握拍法

“V”形虎口对准拍柄上平面与左上斜面的交界处，手掌根部贴住右上平面，拇指直伸围住拍柄，食指第三指节紧贴在右上斜面上，见图 8-3。

图 8-3　大陆式握拍法

（四）双手反拍握拍法

右手采用东方式反手握拍法，握在拍柄的底部，手掌根与拍柄对齐。左手采用东方式正手握拍法，握在右手的上方。优点是力量不足的运动员反手击球比较容易，易于对来球施加上旋和发力，击球点可更靠后些；且动作的隐蔽性较强，对方不易发现是击斜线球还是击直线球。缺点在于要求步法精确。

二、正手击球

正手击球是网球运动中最基本的击球方法，是初学者最先学习的击球技术。对初学者来说，最重要的是先把球打过网并且要落在球场内，而采用正手击球恰恰容易做到这一点。下面以右手握拍为例介绍正手击球的动作要领。

（一）正手击球动作要领

1. 准备姿势

面对球网，两脚自然开立与肩同宽或略大于肩宽，两膝放松，重心稍向前移，落在前脚掌上，左手扶住拍颈，拍面与地面垂直，拍头指向对方，注意对方来球方向，做好击球准备。

2. 后摆引拍

当判断来球需要用正拍回击时，向右转肩，转髋带动球拍向后向上以弧线引拍，引拍要迅速，球拍指向球场后端的挡网，拍底正对着球网，拍头向上稍高于手腕；同时移动双肩，重心向后移，左脚向前踏（与端线成45°），左肩对网，尽量保持侧身迎击球，左手一定要随着侧身转体而指向前面的来球。

3. 挥拍击球

击球时应转动身体，用力蹬腿，以肩关节为轴，手腕固定，用大臂挥动带动小臂，沿着来球的轨迹挥出去，一般在左脚右侧前方与腰齐高的高度击球，当来球较高时，就快速后退；来球较低时应上前并屈膝，始终保持在与腰齐高的高度击球。

4. 随挥跟进

球触拍后，使拍面平行于网的时间尽量长些，挥拍沿着球的飞行方向前送，重心前移落在左脚上，身体转向球网，拍头随着惯性挥到左肩的前上方，肘关节向前向上，用左手扶拍颈，随挥跟进结束，立即恢复到准备姿势。

（二）正手击球类型

1. 正手上旋球

正手上旋球（见图 8-4）的特点是球的飞行弧线高，下降快，落地后反弹高而远，前冲力较大，正手上旋球具有较强的攻击性而失误很少。正手上旋球的4个环节与正手击球相似。面对球网，两脚自然开立，重心稍向前移，落在前脚掌上，左手扶住拍颈，注意对方来球方向。当来球时，迅速向后引拍，向来球方向迈出前脚，侧对球网，屈膝降低重心；向前挥拍时，重心移向前脚，在前脚右侧前方击球，拍面稍向后仰，球拍从下向上、向前擦击球的后上部，击球后要有完整的随挥动作，重心全部落在前脚上，球拍挥到左前上方。

图 8-4　正手上旋球

2. 正手平击球

正手平击球（见图 8-5）的特点是球的速度快，落地后前冲力大，飞行路线较直，在击球过程中球拍几乎做水平运动，但其准确性和控制力较差。当需正拍击球时，眼睛注视着来球方向，迅速转体向后引拍，持拍的手臂要收紧于腋下，直线向后，拍头对着身后挡网，左脚向右前方迈出一步，约与端线成 45°，右脚约与端线平行；向前挥拍击球时，击球点在左脚右侧前方与腰齐高的位置，球拍触球时手腕要绷紧，拍面与地面基本垂直；击球后必须有随挥动作，使球拍挥至左肩前方，肘关节向前，重心移至前脚上；完成随挥动作后，身体转向球网。

图 8-5　正手平击球

3. 正手削球（下旋球）

正手削球的特点是挥拍时使球由后上方至前下方产生旋转，球过网时高度很低，落地后弹起高度也很低并伴有回弹现象。下旋球落点容易控制，能打出长球或短球，常用于随球上网，击球比较省力。缺点是攻击力量不大。正手削球可以与上旋球、平击球交替使用，来交换旋转和节奏球，使对方难以回球。

正手削球（见图 8-6）的准备动作与前面几种击球方法相似，一般采用大陆式握拍法。来球时，要引拍转体，左肩对球网，重心落在右脚上，拍头高于击球点，锁紧手腕；左脚向右前方跨出的同时，左手指向前面来球，以保持身体的平衡，由后上方向前下方挥拍，击球点在左脚右侧前方，击球的后上部，用球拍把球包住，使球在拍上滑动；身体重心移至前脚上，击球后拍头应随球挥至身体左侧；完成随挥动作后，身体恢复到准备姿势。

图 8-6　正手削球

三、反手击球

反手击球是和正手击球同样重要的击球方法，初学者一般先学习正手击球再学反手击球，当正手有了一定的基础后，再学反手比较容易，反手击球与正手击球有相似之处。

（一）反手击球动作要领

反手击球由四个环节组成：准备姿势、后摆引拍、挥拍击球和随挥跟进。

1. 准备姿势

反手击球准备姿势与正手击球相同。面向球网，两脚分开与肩同宽，屈膝，上体稍向前倾，重心落在前脚掌上，左手扶住球拍拍颈，拍头指向对方，拍面与地面垂直。眼睛密切注意对方来球方向。

2. 后摆引拍

当判断对方来球朝反手方向飞来时，扶住拍颈的左手应迅速帮助右手由正手握拍变为反手握拍，向左转肩、转髋带动球拍向左后方摆动；后摆时肘关节自然弯曲，拍头稍翘起，指向后方，右脚向左前方上步，右肩或右背对着球网，重心在左脚上；反手击球的后摆动作应比正手击球的后摆动作要早，整个动作要连贯、协调，左手始终扶住拍颈，直到开始做前挥动作。

3. 挥拍击球

球拍由后向前上方挥出，前挥时手臂仍保持弯曲状态，直到随挥结束后才伸直；击球点在右脚左侧前方，击球时球拍与右脚应在一条直线上，高度在膝与腰之间（比正手击球稍低）；拍触球时手腕绷紧，拍面与地面保持垂直状态，击在球的中部，用转体和转肩的力量使重心前移到右脚上。

4. 随挥跟进

击球后，球拍沿着球的飞行方向向前、向上送，重心前移落在右脚上，挥拍在右肩上方结束，身体转向球网，恢复成原先的准备姿势。

（二）反手击球类型

1. 反手上旋球（单手）

反手上旋球的特点与前面讲的正手上旋球的特点基本一样，球落地后反弹得又高又远，容易加力控制。当对方来球飞向反手方向时，要迅速转肩转体，扶拍颈的左手帮助右手从正手握拍换成反手握拍；向后引拍，重心移向左脚，屈膝降低重心，右脚向左侧前方跨一步，在右脚的左侧前方击球，拍面稍向后倾斜；拍触球时，应尽可能地延长球与球拍的接触时间；击球时，前肩应该像一个卷曲的弹簧被放开一样，平滑地转动，这个放开动作产生了拍头出去的速度，并把力量作用于球上；击球完成后，球拍不要停止向前，应继续向前上方做随挥动作，一直挥拍到身体的右前上方，然后，面对球网准备下一次击球。

2. 反手平击球

反手平击球的特点是球速快，球的飞行路线平直，落地后的前冲力量大，但稳定性较差，容易下网或出界。当对方来球飞向反手方向时，要立刻转肩转体并引拍，同时右脚向左前方跨出，扶拍颈的左手帮助右手换成反手握拍并将拍拉向身体的左后方，重心移向左脚，左脚掌转至与端线平行，右肩或右背对着球网，拍面几乎与地面垂直；拍触球时，手腕绷紧，挥拍击球是从后向前上方进行比较平缓的挥击，左臂自然展开，保持身体的平衡；击球后，球拍应随着惯性挥至右肩上方，做完完整的随挥动作后，恢复成准备姿势。

3. 反手削球（下旋球）

反手削球的特点是球过网时高度很低，既能打较深的球又能打短球，落点容易控制，打球省力，控制范围大，稳健准确，但球速一般不快；可以与上旋球结合使用，变换旋转和节奏来扰乱对方。

当来球飞向反手时，要迅速转体引拍，引拍比上旋反拍要高，球拍要远离身体，拍头向上高于手腕，拍面稍向后仰；右脚向左前方跨出，扶住拍颈的左手放开，右手向前下方挥拍，在右脚左侧前方与腰齐高处触球，手腕绷紧，拍与球接触的时间尽可能得长一些，要有球在拍上滑动的感觉；挥拍时不要用球拍向下“斩球”，要有向下前送的动作，眼睛始终盯住球；击球后，球拍随着球出去的方向向前上方挥出，随挥动作要充分，结束在高处，然后面对球网恢复成准备姿势。

四、双手握拍打反手

（一）双手握拍打反手（简称双手反拍）的特点

双手握拍，击球时有另外一只手扶持，可以抵挡住对方凶猛的来球，击球固定，球拍更稳，对手很难判断击球的角度，有较好的隐蔽性，击球的准确性和攻击力增强，提高了主动进攻的意识。但对脚步移动和判断能力的要求很高，体力消耗较大，也扩大了对方的攻击范围。

单手反拍和双手反拍各有长处，一般来说，初学者还是尽可能地先学习正规的双手反拍击球，有了一定基础后再根据自己的打法和习惯，选择单手或双手击球。

（二）双手握拍打反手的握拍法

双手反拍最好是右手用东方式反手握拍法，左手用东方式正手握拍法。一旦来球向反手方向飞来，右手要立即换成反手握拍法；向后拉拍时，左手顺着拍柄向下滑，直到双手相接，左手掌贴在拍柄背面以东方式正手握拍法握拍，双手靠拢紧握球拍。

（三）双手握拍打反手基本技术

直线向后拉拍，早点收拍，这是击球的关键，靠肩的转动使手臂向后拉，将拍拉至与手腕齐平的高度，手腕要固定，手臂要放松，平伸向后，右脚要向边线方向跨出一步，两膝稍屈，使身体侧身对网，右肩前探，拍头稍低于击球点；用手臂和手腕从低到高向前挥拍，身体重心向前移，眼睛始终看球，保持低头姿势，击球点比单手握拍时要靠近身体或稍后一些；击球时双手紧握球拍，最理想的击球高度是与腰平齐，还击不同高度的来球时，要靠改变身体的重心的高低来调节，不能靠改变拍头的高低来调节；拍头一定要随着球飞离的轨迹出去，这有助于延长球与拍的接触时间；随挥动作是由转动上体，使后肩向着球飞出的方向绕出而完成的，弧线挥拍向上，把球拍带到身体的另一侧，在高处结束随挥动作。

专题二　网球基本战术

网球比赛的一般战术包括单打战术和双打战术。

一、单打战术

（一）发球战术

发球是得分的开始，只有发好球才能确保处于有利的局面。网球比赛的发球已经成为最直接、简便、有效的得分武器。相反，丢掉一个发球局便意味着处于整盘甚至整场比赛的不利位置，所以发球在比赛中至关重要。制定、练习和应用发球战术应考虑以下几方面因素。

（1）发球不受对方支配，可通过力量、速度和准确性得分。

（2）针对对方弱点，攻击其薄弱处。

（3）注重落点、旋转和节奏的变化，使对方难以捉摸，攻其不备，利用自然条件（风向、场地）给对方的接发球制造困难。最好的发球是速度、落点及旋转的完美结合。一般来说，比赛中的第一发球采用速度较快的平击发球，发向对方场地的内角或外角。第二发球采用旋转强烈且稳定性高的上旋球，发向对方的中路或其薄弱之处。

（二）接发球战术

接发球一般处于被动地位，但处理得好会减少被动，甚至变被动为主动。接发球战术应考虑如下几点。

（1）对方发的是凶狠性的球还是稳定性的球。

（2）对方发球后是上网还是留在底线。

（3）接发球是准备马上得分还是仅仅想把球打回去。

对付大力发球，应在比赛开始阶段先熟悉对方的球路。如果对方不是发球上网，那就应该攻击他的反手深处；如果对方发球上网，除非有十足把握，否则不应考虑直接破网得分，而应打刚刚过网的脚下球。这种球最能使发球上网者感到“恼火”，使其难以回出高质量的反弹球。如果对方这类球回得很好让你找不到机会，那就应该在对方抛球时向前移动一两步，在场地以内接球，缩短球的飞行距离，使对方没有充足的时间去上网。采用什么办法接发球破网，要根据情况而定，要注意的是挑高球的次数不宜过多。

（三）底线战术

底线型选手可分为积极进攻型和防守反击型两种，采用积极进攻型打法的球员，战术以进攻为主，以快速、大力、准确、凶狠取胜。

1. 积极进攻型

（1）压制反手、突击正手的战术：这种战术适用于对付反手较弱的选手，即集中力量攻击对方反手，迫使对方逐步离开场区的位置。

（2）对角线战术：为了最大限度地调动对方，消耗其体力，应该设法让对方做对角线跑动。

（3）看准机会上网截击：网球与乒乓球相比，一个很大的区别就是前者可以在球落地前进行截击。网球比赛中上网截击，不仅击球的范围大，使对方疲于奔命，自己还可以逸待劳，而且在心理上占了优势，使对方处于被动地位。尤其是当自己与对方打底线球时，上网截击不失为一个好的办法，但时机一定要把握好。

（4）绕过反手用正手进攻的战术：这种战术通常用于慢速场地，且需要球员有快速的步法。如果你的正手攻击很有力，那么绕过反手用正手击球不仅可以避免反手的弱点，而且能够利用凶狠的正手抽击，将球击到对方球场的开阔区域，从而取得优势。如果攻击斜线，击球后要迅速回位，以免对方回球至你的正手位深处。有把握时也可以攻击直线并随球上网，这种战术会给对方以巨大的压力，对方必须将球回到很深的位置，否则，一个短球就会带来被正手攻击的威胁。

（5）接第二发球直接进攻战术：有经验的球员在接发球时，不会让对方得到任何的机会，由于大多数球员的第二发球都不是特别凶狠，因此进攻欲望强烈的球员往往会移动至底线里面接球，当球刚刚跳起时马上将球击回至对方底线，或者接发球削球上网，同样能够奏效。当第二发球短而软时，不妨尽量使用正手击出快速有力的回球。同时，为了接第二发球直接抢攻，身体重心也要稍稍靠前，尽量在球的上升期击出，给对方时间上的压力。网球初学者和一般水平的选手的第二发球都较弱，因此，不要放过这个机会。

2. 防守反击型

（1）打法要稳：许多选手，特别是已经掌握了一定基本战术的选手，总希望自己在场上能把对方“压着打”，用刁钻有力的击球打得对方喘不过气来。这种打法确实能在场上博得观众的掌声，但实际上，这样做加大了自己失误的可能性。

（2）要积极调动对方：这种打法的攻击性主要依靠落点的变化，虽然球速不如进攻型球手的快，但经常让对方在运动中击球，降低了对方的击球成功率。

（3）等待浅球出现：防守反击型选手的取胜诀窍就是有耐心，使对方陷入没完没了、耗费精力的来回球当中。

二、双打战术

（一）双打站位

在双打比赛中，哪方占据了网前的主动，哪方就控制了整个局势，所以进行双打比赛的球员要将此规律贯彻到比赛的战术中去。

（1）如发球员 A 位于中点和单打线中间，准备发球后直接上网，发球员 A 的同伴 B 站在发球线与球网之间稍偏向边线处，以便封网。接发球员 C 在右区接发球时，站在习惯的接发球位置，接发球员的同伴 D 站在发球线与球网之间靠边线处，以便封网，这是最普遍的站位方式。

（2）双底线站位：网前信心不足但底线技术出众的选手多使用双底线站位，但这种站位方式较落后，现已很少使用。

（3）奥式站位：B 蹲于中线处但离网很近，发球后按计划移动抢网，打对方措手不及；同伴 A 向相反方向移动。

（二）双打协作配合战术

双打需要两个队员默契配合，把两个人的长处结合起来，才能打出比任何一个人单打都高的水平。由于双打战术机动灵活，其变化比单打复杂得多，无论是在高水平的双上网的对攻中还是在中低水平的攻防中，能做到瞬间默契配合是很不容易的。而这一点正是双打战术的突出特点，是双打战术成功的关键。默契配合是建立在两人相互了解和信任基础上的，是通过长期的配合磨炼出来的。好的双打组合应紧密合作，互创条件，相辅相成；在场上有呼有应，气势如虹，即使因实力不济而失利，两人的合作也是愉快、融洽的。因此，双打的根本是两个人如同一个整体，无论何时都要并肩战斗，移动要一致，相互间的距离不能超过 3.5 米。可以将双打球员想象成两个人被一根松弛的绳子连接起来，这根绳子使他们一块向前、向后、向左、向右移动。

1. 发球的配合

双打的发球以旋转和落点为主，因为相对单打，每个人需要控制的面积缩小，不容易接发球抢攻直接得分，所以不必死拼发球。发球前要让同伴了解自己发球的落点，以便同伴对抢网有所准备。在双打比赛中发球技术好的球员应作为第一个发球员，每次发球比单打更注重一发成功率，落点以内角和中路居多，以使对方无法击出大角度的回球，有利于同伴抢网得分。

2. 接发球的配合

接发球有四种路线可供选择：①打斜线给正向前跑的发球员；②打直线穿越网前者或打网前者的脚下；③挑高球过网前者头顶；④打上网后发球方两人的中路。接发球最好的选择是打斜线球，如果发球方抢网很凶的话，可通过抽击直线抑制对方抢网。当发觉对方已形成双上网的态势，最佳选择就是将球击向对方中路的脚下，这是最令双上网者头疼的打法。

3. 协同防守

如果同伴面临十分被动的局面，要给予支持和援助。当同伴被迫挑高球时，自己要立刻后退，使己方处于被动的防守位置，退回底线虽然被动，但若一旦出现浅球，两人可马上一块上网，回到网前。如果同伴被拉出边线，自己要立即向同伴靠近，给同伴以支援。否则，在自己与同伴之间会留下很大的空当，使对手很容易打出破网球。

4. 抢网战术

（1）发球前要做出是否抢网的决定。抢网是指网前者做横向或向斜前方移动，拦截对方打过来的斜线球。要求网前者有敏捷的思维、准确的判断及快速的步法，所以是否抢网两人要事先商定好。一些双打配对队员喜欢用暗号来沟通，例如，网前者把手放在背后，用握拳或张开手指向发球员表示他是否抢网，但最好有口头上的交流，需要注意的是，千万不能让对方猜透你们的意图或听见你们的交流，而且一旦做出决定就要坚决执行。

（2）防守空当区域。当网前者抢网时，很容易造成他的那半场空出，无人防守，所以发球员发球之后，不应直接向前冲，而应向前跑几步，然后向同伴留下的那半场跑去，并继续向网前移动。抢网的球员在拦截之后要进入发球员的场区，两人交叉换位，防守对方可能回击的直线球及抢网的球员第一次截击没能得分后的回击球。

（3）抢网时机。抢网时，需要在对方球员击球的一瞬间启动，而不要在接球员击球之前移动，把己方的行动意图暴露给对方，否则对方球员击出直线球便很有可能得分；同时也不能启动得过晚，否则会抢不到球。

（4）抢网击球路线。如果能够抢到，最佳的路线是将球击向对方网前者的脚下，因为这样的球会使对手十分难受，经常能直接得分，至少可使对手无法发动进攻。如果抢网的同时，对方的接发球员仍在底线，那么接发球方网前球员的背后也是他们的“死穴”。对于手感很好的网前者也可截击至接发球者一面的小斜线，如果接发球者上网很快，那么他们的中路则是最薄弱的地方，是攻击的重点。

5. 扣杀高压球

无论对方发的是进攻型挑高球还是防守型挑高球，网前者都要尽力不让球落地，在空中将球扣杀过网。因为双打有两人进行防守，所以经常出现一两板高压球也不能得分的状况，这时不能着急，要紧紧地把握住网前优势。打高压球的战术与打落地球不同，要尽量压斜线球才有威胁，而不要像打落地球那样攻击对手中路。

专题三　网球竞赛规则简介

一、常规网球竞赛规则简介

（一）发球

1. 发球前的规定

发球员在发球前应先站在端线后、中点与边线的假定延长线之间的区域里，用手将球向空中任何方向抛起（仅能用一只手的运动员，可用球拍将球抛起），在球接触地面以前，用球拍击球。球拍与球接触，就算完成球的发送。

2. 发球时的规定

发球员在整个发球动作中，不得通过行走或跑动改变站位，两脚必须站在规定位置上，不得触及其他区域。发出的球应从网上越过，落到对角的对方发球区域内，或其周围的线上。

3. 发球员的位置

发球员在每局开始，先从右半区端线后发球，得或失 1 分后，应换到左半区发球。

4. 发球失误

发球失误有三种情况：①未击中球。②发出的球，在落地前触及固定物（球网、中心带和网边白布除外）。③违反发球站位规定。发球员第一次发球失误后，应在原发球位置进行第二次发球。

5. 发球无效

发球触网后，仍然落到对方发球区内，或接球员未做好接球准备，均应重发球。

6. 交换发球

第 1 局比赛终了，接球员成为发球员，发球员成为接球员。以后每局终了，均互相交换，直至比赛结束。

（二）通则

1. 交换场地

双方应在每盘的第 1、3、5 等单数局结束后，以及每盘结束双方局数之和为单数时，交换场地。

2. 失分

发生下列任何一种情况，均判失分：①在球第二次着地前，未能还击过网。②还击的球触及对方场区界线以外的地面、固定物或其他物件。③还击空中球失败。④故意用球拍触球超过一次。⑤运动员的身体或球拍在发球期间触及球网。⑥过网击球。⑦抛拍击球。

3. 压线球

落在线上的球都算界内球。

（三）双打

1. 双打发球次序

每盘第 1 局开始时，由发球方决定由何人首先发球，对方则同样在第 2 局开始时，决定由何人首先发球。第 3 局由第 1 局发球方的另一球员发球，第 4 局由第 2 局发球方的另一球员发球。以下各局均按此次序发球。

2. 双打接球次序

先接球的一方，应在第 1 局开始时，决定何人接发球，并在这盘单数局继续先接发球。对方同样应在第 2 局开始时，决定何人接发球，并在这盘双数局继续先接发球。他们的同伴应在每局中轮流接发球。

3. 双打还击

接发球后，双方应轮流由其中一名队员还击。如运动员在其同伴击球后，再以球拍触球，则判对方得分。

（四）计分方法

1. 局分计算

可获得 1 局胜利的情况有两种：

（1）每胜 1 球得 1 分，先得 4 分者胜 1 局。按照网球比赛的传统计分方法，每位球员所得的第 1 分记为 15，第 2 分记为 30，第 3 分记为 40。

（2）当双方各得 3 分（记为 40），不再累积计分，而是以“占先”“平分”“获胜”来标记，净胜 2 分者为胜 1 局。

2. 盘分计算

获得 1 盘胜利的情况可以通过以下几种情形来判定。

（1）一方先胜 6 局者为胜 1 盘。

（2）双方各胜 5 局时，一方净胜 2 局者为胜 1 盘。

（3）双方各胜 6 局为 6 平时，必须用“决胜局”的方式来判定。决胜局的计分方法也有两种，分别是长盘制和短盘制。

长盘制：一方净胜 2 局者为胜 1 盘。短盘制就是人们常说的“抢七”：先得 7 分者为胜该局及该盘，若打到 6 平，则一方需净胜 2 球为胜该盘。

（五）赛制

一场比赛中，男子单打比赛除大满贯赛事采用五盘三胜制以外，一般均使用三盘两胜制。女子比赛全部采用三盘两胜制。

二、竞赛形式

（一）竞赛的类型

1. 草地场

草地场是历史最悠久、最具传统意味的一种场地。其特点是球落地时与地面的摩擦小，球的反弹速度快，对球员的反应速度、奔跑速度和技巧等要求非常高。每年的几个草地职业网球赛事时间集中在六、七月份，温布尔登网球锦标赛是其中最古老也最负盛名的一项。

2. 红土场

更确切的说法是"软性球场"，最典型的代表就是在红土场地举行的法国网球公开赛。另外，常见的各种沙地、泥地等都可称为软性场地。此种场地的特点是球落地时与地面有较大的摩擦，球速较慢，球员在跑动中特别是在急停急回时会有很大的滑动余地，这就决定了球员必须具备比在其他场地上更出色的体能、奔跑和移动能力，以及更顽强的意志、品质。

3. 硬地场

硬地场一般由水泥和沥青铺垫而成，其上涂有红、绿色塑胶面层，表面平整、硬度高，球的弹跳非常有规律，但球的反弹速度很快。

4. 地毯场

顾名思义，这是一种"便携式"可卷起的网球场，其表面是塑胶面层、尼龙编织面层等，一般用专门的胶水黏接于具有一定强度和硬度的沥青、水泥、混凝土底基的地面上，有的甚至可以直接铺展或黏接于任何有支持力的地面上，其铺卷方便、适于运输且有非常强的适应性，室内室外甚至屋顶上都可采用。

（二）竞赛组织方法

网球比赛常见的竞赛组织方法有循环赛、淘汰赛、混合制等。

第三篇　实践篇

思政元素：

在运动中健全人格、锤炼意志；能够相互尊重、有效互动、相互包容与合作，展现民主、文明、和谐的价值观；在赛训中倡导自由、平等、公平、法治，不管遇到任何挑战，都能遵守规则、公平竞争、勇于担责、永不言弃、团结协作；保持开放的心态，愿意学习和分享赛场上展现爱国、无私、刻苦精神和诚实、守信、善良品质的案例，践行爱国、敬业、诚信、友善的道德规范。

单元九　田径

学习目标：

1. 了解田径运动的特点、功能。
2. 掌握跑类项目的动作要领。
3. 掌握跳跃项目的动作要领。
4. 熟悉田径比赛的基本规则。

素质目标：

田径是最为普及的体育运动之一，看似简单易行，却包含许多技法。正确选择适合自身发展的田径运动可以改善人体形态，提高身体素质和心理机能。

田径是指人类从走、跑、跳、投等自然运动中发展起来的身体练习运动和竞技项目，可分为竞走、跑、跳跃、投掷和全能运动五类。其中，以时间计算成绩的竞走和跑类项目称为径赛；以高度、远度计算成绩的跳跃、投掷类项目称为田赛；而由跑、跳、投掷等部分项目组合成的综合类项目称为全能运动。

专题一　田径运动概述

在生存环境严酷的原始社会，人类为了生存与繁衍，有时不得不进行长途迁徙以躲避各种灾害或奔跑、追赶猎物，途中还要越过各种障碍，通过投掷石块或锐器等各种工具获取生活用品。由于在劳动中不断重复这些动作，人类便逐步获得了跑、跳跃和投掷等各种技能。随着社会的发展和进步，人们逐渐将跑、跳跃、投掷等作为了基本的游戏、锻炼和比赛形式。

古希腊是古代奥林匹克运动的发源地。公元前 776 年，这里举办了首次真正意义上的有组织、有章程的古代田径运动竞赛。直至 1896 年，在法国社会活动学家、教育家顾拜旦的奔走倡议下，以田径运动为主要比赛项目的首届现代奥林匹克运动会得以召开。此后，田径运动赛事的影响力与日俱增。进入 20 世纪以后，田径运动赛事更是在全球各地普遍开展。

田径运动是一项极具挑战性、以个人为主的运动，具有鲜明的竞技特征和明确的追求目标。田径是比速度、比高度、比远度的比赛，要求参加者在较短的时间内表现出最快速度与最大力量或在较长时间内持续不断地运动，发挥最佳体力和付出最大意志力。田径项目繁多，练习形式多样，不受年龄、性别、人数、季节等条件限制，对人的身心健康有很高的价值。田径运动可以有效地提高走、跑、跳、投等基本活动能力，通过田径运动练习，能够全面发展力量、速度、耐力、柔韧性、灵敏度、协调性等身体素质，还可以培养人的勇敢、果断、坚韧、顽强的意志品质。经常系统地从事田径运动，能提高人的心血管系统、呼吸系统及其他内脏器官的机能，促进人体的新陈代谢，协调神经系统与运动器官之间的联系，发展人对方向、空间和时间的感知能力。

专题二 短距离跑

短距离跑（也称短跑）是田径运动各个项目的基础，一般指 50 米、60 米、100 米、200 米、400 米跑等。短距离跑的完整技术包括起跑和起跑后的加速跑、途中跑、终点跑。短距离跑的成绩主要取决于起跑时的反应速度、起跑后的加速度、保持最高跑速的距离及各部分技术的动作完成质量。

一、动作要领

（一）起跑

起跑的任务是获得向前的冲力，使身体在极短的时间内迅速摆脱静止状态，为起跑后的加速跑创造条件。

1. 站立式起跑

当听到“各就位”口令后，自然地走或跑到起跑线后，两脚自然前后开立，使有力脚紧靠起跑线，全脚掌着地，另一只脚前脚掌着地；身体稍向前倾，两臂自然下垂，身体重心降低并稍向前移，集中精力听起跑的信号。听到枪声或起跑的口令后，两脚用力向后蹬同时后腿迅速向前摆，两臂积极前后摆动，身体保持适当前倾姿势，迅速向前冲出。

2. 蹲踞式起跑

包括“各就位”“预备”“起跑”三个动作（见图 9-1）。听到“各就位”口令后，做几次深呼吸，从容走到起跑器前，两手撑地，两脚依次踏在前后起跑器的抵趾板上，后膝跪在地上；两手收回放于紧靠起跑线后沿处，两手约与肩同宽，两臂伸直，四指并拢和拇指呈拱形支撑；肩微向前移超过起跑线，颈部自然放松，两眼看前下方半米处，注意听口令。听到“预备”口令后，平稳抬起臀部稍高于肩，身体重心前移落在四个支点上，两脚紧贴起跑器抵趾板，集中注意力听起跑信号。当听到枪声或起跑口令后，两手迅速推离地面，屈臂并迅猛有力地前后摆动；两腿迅速蹬离起跑器，后腿以膝领先沿着地面迅速向前上方摆出，用前脚掌“扒地”，同时前起跑器上的腿要把髋、膝、踝三个关节充分蹬直，把身体向前送出。做到起跑时反应快，蹬摆快，第一步落地快。

图 9-1　蹲踞式起跑

（二）起跑后的加速跑

起跑后的加速跑（见图 9-2）是指从蹬离起跑器到途中跑之间的一段跑程。起跑后能否加速首先取决于起跑姿势和力量的发挥。起跑后第一步不宜过大，应逐渐地增大到途中跑的步长。前几步躯干有较大前倾角度，随着跑速和步长的增加逐渐抬起上体。这段跑程两脚着地点的轨迹，应逐渐合拢到一条直线的两侧，距离 25 米左右。

图 9-2　起跑后的加速跑

（三）途中跑

途中跑（见图 9-3）是短距离跑全程中距离最长、跑速最快的一段。途中跑技术包括两腿动作、重心起伏、摆臂和上体姿势等，最重要的是蹬摆技术，即脚触地后关节微屈，使重心快速移过支撑阶段后，后蹬腿的髋、膝、踝关节依次迅速伸展，完成快速有力的后蹬；随着脚落地，摆动腿大腿迅速有力地向前上方摆出，带动同侧骨盆前送及落地前大腿迅速下压，带动小腿迅速而有弹性地向后“扒地”缓冲。

途中跑时头要正，上体稍向前倾，以肩关节为轴两臂前后摆动，要轻快有力。前摆时手稍向内，高度达下颌，后摆时肘关节稍朝外。

图 9-3　途中跑

（四）终点跑

终点跑是全程跑的最后一段。由于体力受限，运动员快到终点时一般会减速，要尽力保持途中跑的速度，加强后蹬力量和摆臂速度，保持上体前倾姿势。当身体离终点还有最后一步时，上体急速向前倾，用胸部和肩部碰撞终点线。

二、短距离跑的专门练习

短距离跑经常采用专门练习，目的是体会跑的动作要领，纠正错误动作，提升腿部力量和加快动作频率。在完成这些专门练习的过程中，要求动作正确放松，逐渐加快动作频率并与途中跑结合起来。

（一）小步跑

身体稍向前倾，大腿抬起与水平线约成35°～45°，膝关节放松，然后大腿向下压，小腿随下压的惯性向前伸，并很快以前脚掌着地，脚趾完成最后“扒地”动作，两腿前后摆动配合小腿动作。小步跑要求步幅小，频率快而放松。

（二）高抬腿跑

上体伸直稍向前倾，身体重心上提，大腿抬高与躯干约成90°，然后积极下压，膝关节放松，小腿自然伸开，用前脚掌着地，支撑腿三个关节充分伸展，骨盆向前送，两臂前后摆动配合两腿动作。

（三）后蹬跑

上体稍向前倾，支撑腿后蹬充分蹬直，而摆动腿屈膝关节向前摆出，然后大腿积极向下压，用前脚掌着地，两膝前后摆动配合两脚动作。

（四）车轮跑

上体伸直或稍向前倾，两臂前后自然摆动，摆动腿大腿抬起接近水平线，小腿随惯性向上方摆出，然后随着摆动腿大腿的积极下压，小腿积极向下刨扒，着地时膝关节可以稍有弯曲。车轮跑的距离比较长，可用踝关节进行缓冲，有“扒地”动作。

（五）原地或行进间半蹲碎步接加速跑

两脚呈半蹲姿势，重心稍提高，两脚交换步频快，两臂协调配合，节奏快速，支撑脚与膝关节保持90°～150°，两脚交换步频要达到极限。

（六）支撑高抬腿跑

身体向前倾，双手支撑于物体上，提腿，支撑腿稍屈，摆动腿抬平后，髋关节发力，展髋，大腿积极向下压，膝关节稍屈，踝关节以位置较高状态支撑，支撑腿离地后，小腿折叠，随大腿向前上方摆出。

三、短距离跑的练习方法

短距离跑的重点是起跑时的快速启动、途中跑的支撑腿与摆动腿的协调配合，其难点是后蹬有力、前摆充分和蹬摆结合。

（一）建立正确的技术概念

短距离跑的练习，首先要建立正确的概念，看似容易，其实并不那么容易，需要严格按照短距离跑的动作要领练习。

（二）学习途中跑

（1）以中等速度跑 30～50 米，在开始阶段，明确短跑的特点后进行途中跑练习，要求上下肢协调配合，步子开阔，强调蹬地和摆腿采用正确姿势。

（2）原地摆臂练习。体会原地弓箭步摆臂练习，速度可以逐渐加快，用口令、掌声等信号进行调节。

（3）在直道上中速跑 50～60 米，在基本掌握正确的躯干姿势及摆臂技术后，把重点转移到上下肢协调配合上。跑时要求下肢动作放松，前后摆臂自然。

（4）原地做屈膝前摆，大腿积极向下压，脚做“扒地”动作，要求膝关节放松。也可做仰卧肩肘倒立车轮跑练习，以提高膝关节的灵活性。

（5）改进着地技术，加速跑 50～60 米，着重体会脚的后扒着地。要求落地轻、重心平稳，这是短跑技术的重要一环。

（6）跑的各种专门练习。例如：小步跑，体会前摆着地和上下肢放松协调配合；高抬腿跑，练习抬高大腿，增加肌肉力量，提高髋、膝关节的灵活性；后蹬跑，体会跑时摆蹬配合的节奏及支撑腿三个关节的充分伸展；车轮跑，体会大小腿的摆动折叠动作着地时的大腿积极向下压，小腿后扒着地；还可练习立定跳远、蛙跳、多级跳等提高腿部爆发力。

（7）20～60 米不同距离直线重复跑，分别体会腿的积极前摆及后蹬腿髋、膝、踝关节的充分伸展及身体的协调用力等。速度可根据掌握程度由慢速、中速到快速。

（8）拖拉汽车轮胎跑，改进后蹬技术。要求跑时尽量蹬直后腿，摆动腿大腿充分前摆抬高。后蹬是短跑中较重要的环节。

（9）对照比较跑。2～3 名练习者用较快速度跑 30～60 米进行对比，指出动作要点。还可以采用追逐跑和接力跑等游戏方式提高兴趣，达到巩固正确技术，提高速度的目的。

（10）采用多种形式的变速跑和 100 米以上距离跑提高速度、耐力。

（三）学习弯道跑

（1）采用 10～20 米直径圆周跑，然后沿直线方向跑出。跑速由慢到快，体会随着速度的增加，身体内倾的程度也不断加大。

（2）直道加速跑 10 米接上弯道快跑 30 米接放松跑 10 米，反复三次。每次快跑段都提出不同要求，例如：第一次要求闭气跑过，第二次要求注意动作协调，第三次要求两呼两吸，以提高练习的兴趣。

（3）弯道加速跑 30 米接下弯道快跑 10 米接放松跑 10 米，反复三次。快跑后接放松跑时有几步惯性跑，对增强快跑中的放松能力有积极意义。

（4）学习完整的弯道跑技术，弯道跑 100～150 米，体会进入弯道跑、弯道跑、出弯道跑的衔接技术。

（四）学习站立式起跑和起跑后的加速跑

（1）明确站立式起跑和起跑后的加速跑动作要领后，可以按统一口令反复练习。可各自体会动作，也可相互纠正动作。

（2）站成横队做直体前倾，失去平衡后顺势快跑 10～15 米，体会疾跑技术。

（3）采用游戏的形式，培养反应能力，如“追拍”、听哨声变方向跑等。也可利用各种信号练习快速启动，如根据掌声、哨声、手势、小旗等各种信号，以及采用各种跳跃练习提高爆发力和反应能力。

（4）练习者列横队按统一口令练习起跑和起跑后的加速跑，或 4～6 名练习者一组进行比赛，着重增强练习者反应速度和快速起跑的能力。

（五）学习蹲踞式起跑和起跑后的加速跑

（1）反复练习“各就位”“预备”动作。练习者两人一组互相辅导。辅导者一手放在练习者臀部上方，另一手放在肩前方，帮助练习者体会“预备”动作的提臀与探肩的空间感觉。

（2）分组练习起跑和起跑后的加速跑。

（3）按统一口令练习起跑和起跑后的加速跑 20～30 米，要求听枪声快速启动。

（4）采用快速跑上和跑下台阶或上、下坡练习，体会两腿的用力蹬伸和加快步频，以及两臂积极摆动和上体保持适当的前倾角。

（六）学习终点跑和全程跑

（1）先快速跑 20～30 米并直接跑过终点；再用快速跑，在接近终点 1 米处，做胸部撞线动作，迅速跑过终点。

（2）集中或分组做原地摆臂，听到口令后上体迅速向前倾做撞线动作；慢跑中连续撞线 4～5 次；中速跑或快速跑 15～20 米再练习撞线。

（3）50～100 米全程计时跑练习撞线。

四、易犯错误及纠正方法

（一）站立式起跑

纠正方法：明确动作要领，仔细观察示范，强调两脚之间的距离，多做“预备”姿势的静态练习。

（二）站立式起跑时抢跑

纠正方法：调整两脚前后间的距离；练习者消除紧张心理；上体缓缓向前倾以便维持平衡；不要“取巧”，要听到信号后再动。

（三）鸣枪后停顿一下再跑

纠正方法：做向前移动身体重心的练习和直体前倾自然跑出的练习。

（四）蹬离起跑器无力

纠正方法：多做“预备”姿势的静态练习，同时提高手臂和腿部力量，要求练习者脚压紧起跑器的后壁。

（五）蹲踞式起跑时第一步停顿造成二次起跑

纠正方法：用线画出第一步的落脚点（距起跑线约一脚至一脚半），限制每步步长；强调第一步落地时前脚掌向后做“扒地”动作。多做原地斜向支撑后蹬跑练习和直体前倾自然跑出的练习。

（六）起跑后上体抬起过早

纠正方法：检查起跑器的角度；强调起跑时前腿充分蹬直，重心积极向前移；起跑后强调身体向前倾追赶重心，利用斜杆限制起跑时的上体过早抬起，反复练习。

（七）起跑时前几步身体不稳

纠正方法：首先注意起跑时的头部动作和视线目标；反复做上台阶和上坡快速跑练习，并加强弱腿的力量练习。

（八）途中跑大腿前摆不够高或方向不正

纠正方法：首先应明确技术要点，理解大腿前摆高抬的重要意义；上体向前倾不可超过10°，注意提高大腿屈侧肌和腰肌力量。采用行进间高抬腿、负重前后屈体仰卧起坐、上坡跑、上台阶跑、蛙跳、蹲跳练习，以及提高柔韧性和腰背肌肉力量的练习。

（九）后蹬不充分，坐着跑

纠正方法：明确后蹬动作的意义，强调用力顺序；提高腰腹肌力量、腿部力量和髋关节灵活性、柔韧性；做高抬腿跑、后蹬跑练习，体会后蹬动作；多做弓箭步走等练习，体会送髋动作；两人做抗阻练习，一人站在练习者前用两手抵其双肩，练习后蹬。

（十）踝关节紧张，脚落地制动

纠正方法：原地做大腿下压脚掌“扒地”练习；做小步跑练习，体会膝、踝关节放松技术；做途中跑练习，强调踝关节放松，要求脚落地时向后“扒地”；提高踝关节柔韧性及做力量练习。

（十一）大腿抬不起来，近似直腿摆

纠正方法：强调大腿抬高积极下压，用中速跑改进蹬摆结合技术，多做原地高抬腿跑或原地支撑高抬腿练习。

（十二）向前甩小腿

纠正方法：做小步跑练习，体会膝、踝关节放松技术，反复做惯性摆小腿练习；做上坡、

上台阶跑和各种方式的高抬腿跑练习。

（十三）身体重心移动轨迹不是直线

纠正方法：多做均衡发展下肢的各种对称练习；端正头部位置，固定视线方向；做正确的摆臂练习和矫正“八”字脚的练习。

（十四）摆臂紧张，姿势不正确

纠正方法：多采用徒手或持轻器械摆臂练习，要求以肩为轴前后摆动；用慢速或中速跑改进摆臂技术；做加强肩关节的灵活性、柔韧性的练习；多做轻松自然的放松跑。

（十五）向终点冲刺时上体向后仰

纠正方法：强调跑的正确姿势，及时提醒加大摆臂特别是向后摆臂的力量和幅度；注意提高速度耐力，多做增强腰肌、腹肌的练习。

（十六）终点前明显减速

纠正方法：明确终点冲刺跑的概念；做集中注意力和放松练习，做自然快速跑过终点的练习。

（十七）跳起撞线

纠正方法：讲清撞线技术，练习快速跑 20～30 米终点撞线若干次及采用各种速度练习撞线动作。

（十八）屈髋后坐跑

纠正方法：强调上体垂直；摆动腿前摆，摆腿带髋。

（十九）其他一些易犯错误

（1）起跑后的加速跑前几步，身体重心不稳左右摆动。

纠正方法：调整两脚左右间的距离。

（2）蹲踞式起跑，“预备”时重心没向前移，臀向后坐。

纠正方法：按“各就位”“预备”做起跑的分解练习，强调重心向前移，或两人一组相互纠正错误动作。

（3）蹲踞式起跑时抢跑。

纠正方法：明确起跑时的动作要领，克服紧张情绪，强调“预备”时臀部要缓缓抬起，并多做练习体会正确动作；若起跑器与起跑线间的距离太近或太远，适当进行调整，加强腿部和腰部腹、背肌及手指的力量练习；延长或缩短“预备”时间练习起跑，强调注意听枪声或起跑的信号。

（4）“预备”时后腿太直。

纠正方法：明确动作要领，调整两脚之间的距离，反复体会“预备”姿势的静态练习。

专题三 中长距离跑

中长距离跑（也称中长跑）是需要耐久奔跑能力的一个项目，作为竞赛项目已有一百多年的历史，国际比赛中中距离跑（也称中跑）男子有800米、1500米、3000米跑等；女子有800米、1500米跑等。长距离跑（也称长跑）男子有5000米、10000米跑等；女子有3000米、5000米和10000米跑等。

一、中长距离跑技术要求及动作要领

中长跑的特点是既要求跑出一定的速度，又要有持久性。中长跑的技术动作基本上与短距离跑相同，由起跑、起跑后的加速跑、途中跑、终点跑四部分组成。但由于距离和跑的强度不同，因此在技术细节和动作要求上有所区别。合理的中长跑技术要求：各部分动作经济省力、协调放松，消除不必要的紧张和多余动作，提高肌肉交替用力与放松的能力，以达到在每一个复步中尽量减少体力消耗的目的。

在中长跑中，一般采用站立式起跑。听到口令后沿里道切线快速跑，加速跑的距离和速度根据项目及个人特点和起跑位置而定。一般在不妨害他人情况下，在加速跑中抢占有利位置，然后匀速进入途中跑。

由于项目、距离不同，中长跑的跑速及动作要求也不一样。随着技术的不断发展，作为中跑的800米的技术要求更接近于400米短跑。因此，800米、1500米的途中跑技术仍要求上体保持一定的前倾角度，而长跑途中跑时上体几乎与地面垂直，这与跑速有关。加速跑时，上体前倾角度较大，如到达终点前的冲刺跑。上体姿势的正确与否会影响后蹬跑的效果。蹬摆动作同样是中长跑项目途中跑技术的主要环节。中长跑的步频趋向于节奏化，节奏感强的人可以跑得更为轻松自然，兴奋与抑制的交替适中，有利于跑得持久。中跑时步长倾向于宽大，而长跑则强调自然步长、快频率，经济省力。着地缓冲与跑速的快慢相关，在要求和动作上也有区别。中跑时仍要注意前摆伸膝积极下压大腿，重视小腿放松脚掌积极“后扒”。长跑则要求保持肌肉用力的持久性，尽量减少腿部肌肉负担，随大腿前摆下落的惯性自然放松小腿，后蹬迅速有力，进入腾空阶段，后蹬腿的自然折叠可以使肌肉得到瞬间放松，有利于积极前摆抬腿带髋。中跑的摆臂动作不仅能维持身体的平衡，而且对增加支撑反作用力、提高跑速也有积极意义。摆臂方法应与摆腿方向和两腿的节奏一致，在两腿感到无力、跑速下降时，加大摆臂的幅度和速度，有助于步频的提高。长跑则要求随跑速大小的变化低臂摆动。

掌握中长跑中正确的呼吸方法，在提高跑速坚持跑完全程方面具有十分重要的作用。中长跑中由于体力消耗很大，对氧的需求量很高，加上肌肉内堆积的大量废物不能及时排出，肌肉工作处在不利的情况下，就会出现呼吸困难、节奏紊乱、跑速下降、难以坚持的感觉（称为极点）。这种生理现象在训练水平较高的人中出现得较缓和较短暂。中长跑时的呼吸要求做到均匀和深长，吸入气体稍作停留，然后充分呼出二氧化碳，一般采用三步呼、三步吸法，吸气最好用鼻，呼气时张嘴。

二、学习中长距离跑技术的步骤、方法与手段

（一）了解中长跑的一般知识

了解中长跑的一般知识，学习中长跑的技术要求和注意事项，可调动练习者学习中长跑的积极性和主动性。

（二）学习途中跑技术

（1）通过观察示范（或图片等）建立正确的概念，了解途中跑技术的要求、方法和要领。

（2）中等以下速度匀速跑 80～100 米。

（3）中等以下速度到中等以上速度的加速跑 80～100 米。

通过反复做上述练习，体会和初步掌握途中跑时的腿部动作、躯干姿势和摆臂动作。

（4）定时（或定距）跑：男生跑 6～8 分钟（1000～1500 米），女生跑 3～5 分钟（500～1000 米），可用中等或中等以下速度在田径场或公路上跑。跑时除了继续注意掌握正确的腿部动作、躯干姿势和摆臂动作，还应注意呼吸和步伐的配合，掌握中长跑的呼吸方法。

（5）变速跑（或走跑交替）：100 米中速跑+100 米慢跑（或走）；200 米中速跑+100～200 米慢跑（或走）；300 米中速跑+100～200 米慢跑（或走）。变速跑总距离：男生 1500～2000 米，女生 800～1000 米。跑时要控制好跑速，注意跑的动作和呼吸方法要正确。

（三）学习站立式起跑、起跑后的加速跑技术和巩固途中跑技术

（1）结合示范（或通过图片等），明确站立式起跑和起跑后的加速跑技术，建立正确的概念，了解技术要求、方法和要领。

（2）以组为单位，在起跑线后做站立式起跑“各就位”口令后的起跑预备姿势若干次，体会站立式起跑时两脚位置和身体各部位的姿势。

（3）以组为单位，在起跑线后的集合线处站好，然后在“各就位”和“跑”的口令下，按站立式起跑和起跑后的加速跑的方法、要领跑 30～80 米。

（4）中等速度重复跑 200 米、300 米或 400 米。

由站立式起跑出发进行中等速度的重复跑，要求起跑动作正确，跑时动作轻松、自然，跑速均匀，呼吸和步伐协调配合，并注意培养速度感。总距离：男生 1200～1500 米，女生 600～800 米。

（四）学习终点跑技术和掌握全程跑技术

（1）明确终点跑和全程跑技术的要求和方法。

（2）按水平分组，由站立式起跑出发，进行 200 米、400 米或 600 米的中等速度重复跑，在距终点 50～150 米处开始适当加速，冲刺跑过终点。总距离：男生 1200～1500 米，女生 600～800 米。

（3）按水平分组，由站立式起跑出发，进行男生 1200 米和女生 600 米的中等速度匀速跑，在距终点 100～200 米处开始适当加速，冲刺跑过终点。

（4）按个人体力确定距离，男生1200～1500米，女生600～800米。
（5）练习全程跑。

三、易犯错误及纠正方法

在中长跑中除了有可能出现短跑中易犯的错误，还可能出现以下错误。

（一）起跑后跑成折线

纠正方法：明确跑切线和折线的利弊，沿画好的切线反复练习起跑。

（二）跑时重心起伏过大，身体摇晃动作不自然

纠正方法：沿画好的线或看标记跑，做到视线与目标保持平行，脚着地时不要出现“八”字脚；提高髋关节的柔韧性；加强弱腿、弱臂的力量练习，做弓箭步走或原地弓箭步跳。

（三）呼吸方法不正确和跑的节奏性差

纠正方法：了解正确的技术动作及与呼吸相配合的方法，反复做各种形式的放松和越野跑练习，培养速度感。

专题四　跳远

一、跳远的基本技术

跳远的完整动作由助跑、起跳、腾空和落地四个部分组成。根据在腾空阶段的动作特点，将跳远技术分为蹲踞式、挺身式和走步式三种。对跳远成绩起决定性影响的是最后几步特别富有节奏的助跑及快速、有力和协调的起跳。跳远的最大距离取决于身体重心抛物线，而抛物线又是由初速度、腾起角度和腾起高度所决定的。身体重心抛物线在人体离开地面之后无法改变。运动员在空中的任务只是保持平衡，为落地做好充分准备。

（一）助跑

助跑的任务是获得高的水平速度，为准确、快速有力地踏板和起跳创造条件。

跳远成绩与助跑速度有着密切的关系。为了获得较快的助跑速度，必须有相应的助跑距离，距离和步数要根据训练水平和个人特点而定。一般男子助跑距离为35～48米，跑18～24步；女子助跑距离为32～44米，跑16～22步。

助跑开始姿势有两种：一种是站立式，其优点是用力的大小易控制、稳定，开始几步的步幅、节奏变化小，有利于助跑步点的稳定和准确，但易造成肌肉紧张。另一种是行进间启动，先走几步或轻松地跑几步，踏上起跑线再开始加速，其优点是轻松自然。

助跑的加速方式有两种：一种是积极加速，助跑一开始就加速，这种方法适用于加速能力强者。另一种是逐渐加速，助跑开始后，速度由慢到快逐渐加速，初学者或加速能力弱者常采用此种方法。

最后几步助跑是助跑技术中的重要环节。这时既要保持速度快，又要做好起跳准备。最后几步助跑的动作仍然保持较大的幅度和较快的速度，身体重心应保持在较高位置，平稳向前移动，在保持步长的基础上，加快步频，形成加速上板的趋势。

（二）起跳

起跳分三个阶段，即起跳脚着板、缓冲和积极蹬伸。

（1）起跳脚着板：动作类似跑步，起跳脚着板要积极，此时起跳脚与地面之间的角度为65°～70°，并且尽可能用全脚踏板。

（2）缓冲：起跳的质量很大程度上取决于缓冲阶段的动作，起跳脚踏板时所产生的压力在缓冲阶段通过踝、膝和髋关节轻微弯曲而得到缓冲。这时压力主要落在膝关节上，起跳腿的弯曲角度为145°～150°，过大或过小，都会影响最后的起跳效果。

（3）积极蹬伸：起跳腿快速用力蹬伸，在充分蹬直髋、膝、踝三个关节的同时，摆动腿折叠大小腿，快速有力而协调地向前上方摆动。摆动应从髋关节开始，带动髋部一起向前上方移动，摆动结束时迅速制动。在起跳结束时，大腿达到水平状态，通过恰当的臂部摆动，使作用力的方向明显地指向前方。起跳时蹬地角度约为70°～80°。

（三）腾空

跳远的腾空姿势常用的有蹲踞式和挺身式。

（1）蹲踞式（见图9-4）：腾空后上体伸直，摆动腿继续摆动，起跳腿屈膝前摆逐渐靠拢摆动腿，两臂向上举，呈蹲踞式，落地时小腿向前伸。蹲踞式腾空动作简单易学，有助于初学者体会和掌握正确的起跳动作，维持身体平衡及小腿前伸，但其动作易产生前旋。由于身体各部位都接近身体重心，因此从力学角度来讲，这种腾空姿势对落地最为有利。

图9-4　蹲踞式

（2）挺身式（见图9-5）：在起跳后将摆动腿下放，并由后摆向起跳腿靠拢，小腿和大腿之间角度接近于直角，挺胸展髋，两臂由后向上，经前向下向后摆动，用力向前甩小腿；接着向前上方抬起弯曲的双腿准备落地，躯干补偿性地向下压，即将触地时收腹举腿，用力向前甩小腿。挺身式的优点是有利于起跳动作做得快速、有力、充分，能使身体充分伸展，为落地前的收腹举腿、前甩小腿创造条件。

图 9-5 挺身式

（四）落地

落地的任务是尽可能地将两脚向前伸出，使人体与沙池的接触点在身体重心轨迹的前面。落地技术有三种：侧倒法、前倒法、坐式落地法。三种方法都要求落地前的团身动作要有适宜的时间，有利于双腿高抬前伸。团身动作结束后要及时地伸直双腿膝关节，前伸小腿落地。着地后及时缓冲，踝、膝关节和髋关节向前送，将身体重心移过落地点。

二、跳远的练习方法

（一）助跑与起跳

①原地起跳模仿练习。②上一步或连续上一步起跳练习。③慢跑中做起跳练习。④4～6步助跑起跳并跳上箱盖练习。⑤6～8 步助跑起跳或腾空步练习。⑥在跑道上进行不带起跳的全程助跑练习。

（二）腾空和落地

（1）蹲踞式：①4～6 步助跑起跳、腾空步、自然并腿落入沙坑中。②4～6 步助跑起跳、腾空步后，控制起跳腿在最高点靠近摆动腿，落入沙坑前有举腿动作。③4～6 步助跑起跳，腾空后越过障碍物。④中、全程助跑做蹲踞式跳远练习。

（2）挺身式：①原地摆动腿向下后方摆成挺身式。②站在高物上，下放摆动腿。③3 步助跑起跳后向下后方放摆动腿。④4～6 步助跑起跳上斜板成腾空步后放摆动腿。⑤4～6 步助跑挺身式跳远练习。⑥中、全程助跑做挺身式跳远练习。

应加强基本技术的练习，重视快速起跳能力的培养，抓住快速助跑与起跳相结合的技术关键进行反复练习。在不断提高身体素质和跳远技术水平的基础上，加强全程助跑练习。只有进行全面的身体训练和专项身体训练，提高速度、爆发力（弹跳力）、耐力、专项协调能力和专项柔韧性，才能取得好的跳远成绩。

三、易犯错误及纠正方法

（一）助跑步点不准

纠正方法：①采用固定的启动姿势，调整助跑标志物。②反复跑步点，在快跑中固定步长和加速的方式。③稳定情绪，提高在不同气候和场地中迅速适应的能力。

（二）助跑最后几步减速

纠正方法：①反复跑步点，特别注意调整助跑最后 6～8 步的第二助跑标志物的设置。②强调助跑的最后阶段积极加强后蹬，加大两臂摆动，上体保持正直姿势，提高身体重心，身体加速向前移。

（三）起跳腿蹬伸不充分

纠正方法：①做助跑最后几步提高身体重心的起跳练习。②练习起跳着地瞬间顶头、提肩、拔腰。③反复做 1～3 步的起跳练习。④做各种跳跃练习，改进动作的协调性和加强腿部力量。

（四）蹲踞式跳远中身体向前旋转

纠正方法：①短、中程距离助跑跳远，要求起跳时身体保持正直姿势，目视前方。②起跳后保持腾空步姿势，待达到最高点再提膝靠胸做落地动作。③连续做助跑起跳练习，着重改进摆腿和摆臂动作。

（五）挺身式跳远中挺身过早

纠正方法：①加强起跳练习，强调腾空步姿势，待身体腾越一定距离后再做挺身动作。②可在起跳板前 1.5～2 米处设一个高 30～50 厘米的橡皮筋或横杆，要求越过障碍物后再做挺身展体动作。

（六）挺身式跳远中以挺腹代替挺身

纠正方法：①腾空时要求头部保持正直状态，下放摆动腿时要求先向下伸展髋部，然后稍向后摆，而起跳腿屈膝稍向前提，形成摆动腿较直、起跳腿稍屈的姿势。②在两臂悬垂或支撑状态下做挺身式模仿动作。

专题五　推铅球

推铅球是速度力量型项目。推铅球目前主要采用背向滑步推铅球和旋转推铅球，在此仅介绍背向滑步推铅球技术。

一、背向滑步推铅球技术要求及动作要领

1. 握持球（以右手投掷为例，见图 9-6）

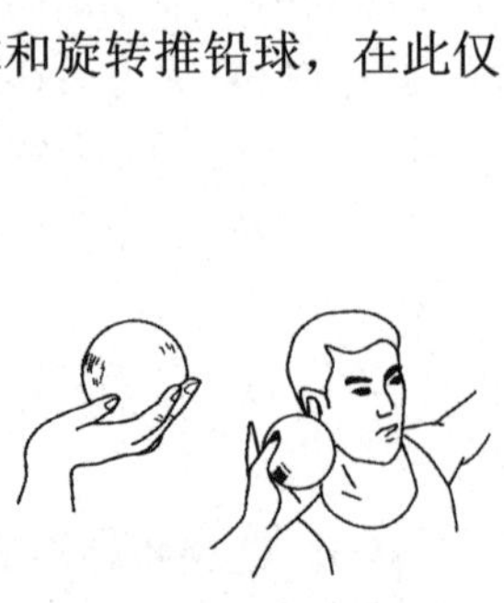

图 9-6　握持球

推球的手五指自然分开，将球放在食指、中指和无名指的指根处，拇指和小指贴在球的两侧，以保持球的稳定。高水平运动员可

将球移至第一指骨上方，以利于发挥手指、手腕的力量。握好球后，将球放到锁骨内端上方，贴紧颈部，掌心向前，右肘微抬起，右手臂与躯干约成90°，躯干与头部保持正直状态。

2. 滑步技术

预备姿势（以右手投掷为例）：持球后，站立在投掷圈的后沿内，背对投掷方向，身体重心落在右脚掌上，左脚置于右脚跟后方20～30厘米处，以脚尖点地，帮助维持身体平衡。上体与头部保持正直状态，两眼平视，两肩与地面平行，进行团身和滑步。

（1）团身：站稳后，向前屈体，待上体屈至接近与地面平行时，屈膝下蹲，同时头部和左腿向右腿靠拢，完成团身动作。

（2）滑步（见图9-7）：滑步由身体重心向投掷方向快速移动，左腿向投掷方向伸摆开始，经过蹬伸右腿和回收右腿来完成，因此左腿的摆动方向、右腿的蹬地角度，以及蹬地和摆动力量的大小、速度的快慢是决定滑步效果的主要因素。右脚蹬地后快速收小腿及左腿摆动后的积极下落，直接决定滑步速度的快慢，保证铅球出手前动作的连续协调和迅速转入推铅球的动作。

图9-7　滑步

3. 最后用力

最后用力是从左脚落地前开始至铅球离手结束的。最后用力是推铅球技术的关键环节，动作正确与否直接影响着铅球出手初速度、出手角度和出手高度。

滑步结束时，右脚比左脚先着地。右脚着地后，右腿各关节蹬伸，推动右侧髋关节向投掷方向转动。上体在转动过程中逐渐抬起，这时左臂由胸前向左上方摆动，使原来的背对投掷方向转至身体左侧对准投掷方向。左臂和左肩高于右肩，铅球尽可能保持在较低位置，重心大部分仍在弯曲而压紧的右脚上，形成推铅球的有利姿势。

右腿不停地蹬伸，加速了右侧髋关节继续向投掷方向的转动和上体的逐渐前移，重心逐渐移至左腿上。这时左膝微屈，当左臂向体侧摆动时，胸和头部才转向投掷方向。右腿蹬伸，进一步将右侧髋关节向投掷方向送出，随着右肩前送，左臂已摆至体侧制动，保证右臂做出正确的推球动作和推出的方向正确。铅球快出手时，手腕稍向内转，同时屈腕，快速而有力地拨球，使铅球从手指中离开，加快出手速度，推球的角度一般是35°～39°。

4. 维持身体平衡

铅球离手后，两腿前后交换，同时身体向左转，并及时降低身体重心，以便减缓向前的冲力，保持身体平衡，避免出圈犯规。

二、推铅球的练习方法

推铅球的练习可分为滑步和最后用力两部分。最后用力是练习的重点，滑步与最后用力的结合是练习的难点。

（一）最后用力技术的练习方法

（1）掌握铅球的握持方法，并持球练习。

（2）原地轻推铅球。正对投掷方向，两脚左右开立与肩同宽，两腿弯曲，右手持球于肩上，左臂自然向上举，利用两脚蹬地的力量，将铅球向前上方推出。

（3）原地侧向推铅球。侧对投掷方向，两脚左右开立略宽于肩，两膝微屈，向右屈体，利用躯干的反振、转肩力量将球推出。

（4）原地背向推铅球。背对投掷方向，两脚前后开立、体前屈、下蹲，按侧向推铅球要求将球推出。

（5）原地背向出左脚推铅球。预备姿势与背向推铅球相同。推球时，左膝回收至右膝附近，然后迅速向后伸出落地，身体形成侧弓，在左腿有力的支撑下，利用躯干的反振力量，顺势转肩伸臂立即将球推出。

（二）滑步技术的练习方法

（1）摆动腿的摆动练习。左手拉住与肩同高的固定物或同伴的手，左脚回收接近右腿时，身体重心略向后移，接着左腿摆动，右腿蹬伸，推动身体向投掷方向移动。

（2）拉收右腿练习。两腿前后直立（两脚与肩同宽），重心在两腿之间，上体稍向前屈。从这个姿势开始，迅速将小腿收至重心以下负担身体重量，并保持平衡。当右腿收至重心以下快要着地时，左腿快速向后撤步，形成最后用力前的姿势。

（3）徒手的背向滑步练习。屈膝团身，髋部及身体重心向后移，及时向后伸摆左腿，接着由蹬伸右腿、回收右小腿等一系列动作完成滑步练习。

（4）徒手背向滑步形成最后用力前的姿势。随着右腿滑动的结束，左腿迅速有力地着地，完成滑步向最后用力的转换。

（三）背向滑步推铅球完整技术的练习方法

（1）在圈内进行徒手模仿背向滑步推铅球完整技术的练习。

（2）在圈内进行背向滑步推各种重量铅球的练习。

（3）在圈内进行背向滑步推标准重量铅球的练习。

（4）进行改进技术细节的练习。

三、易犯错误及纠正方法

（一）推球时手腕、手指用不上力，或挫伤手指

纠正方法：①加强手腕、手指力量的练习，如持杠铃杆或轻杠铃屈腕练习等。②进行向

下对地推球练习，体会推拨球动作。③注意正确的用力顺序，养成自上而下用力的习惯。

（二）滑步距离太短

纠正方法：①在地上画出右脚落地的标志，要求滑步后右脚落在标志上。②徒手或持球做摆蹬结合的练习。

（三）滑步后上体过早抬起，身体重心移至两腿之间

纠正方法：①练习者双手或左手拉住同伴或橡胶带做滑步练习。②滑步中要始终目视地上距离 2～3 米处的标志。

（四）滑步后停顿，不能与最后用力紧密衔接

纠正方法：①徒手或持球做滑步摆腿练习，注意摆腿的方向。②加强腿部力量，尤其是爆发力的练习。

（五）推球时身体向左侧移动

纠正方法：①滑步后保持上体的正确姿势和左臂的用力方向。②画线限制练习者左脚落地位置。

专题六　身体素质练习

人们进行的生产劳动和体育运动等，都是在神经系统支配下所实现的不同形式的肌肉活动。这些活动的基本能力表现在很多方面，如肌肉收缩力量的大小、收缩速度的快慢、持续时间的长短、关节活动范围的大小，以及动作是否灵敏和协调等。通常人们把人体在肌肉活动中所表现出来的力量、速度、耐力、灵敏度及柔韧性等机能统称为身体素质。

身体素质是人体为适应运动的需要而储存的身体能力要素。身体素质是人体肌肉活动基本能力的表现。身体素质的发展水平不仅取决于肌肉本身的结构和功能特点，还与肌肉工作时的能量供应、内脏器官的机能以及神经调节能力有关。更确切地讲，身体素质是人体各器官系统的功能在肌肉工作中的综合反映。

一、力量素质

肌肉力量是绝大多数运动形式的基础。肌肉力量可表现为绝对肌力、相对肌力、肌肉爆发力和肌肉耐力等几种形式。通常所说的肌肉力量主要是指绝对肌力，它是其他肌力形式的基础。

（一）力量素质练习的基本手段

1. 负重抗阻力练习

这种练习可作用于机体任何一个部位的肌肉群上，主要依靠负荷的重量和练习的重复次数刺激机体提升力量素质。负重抗阻力练习的方式多种多样，负荷的重量及练习的重复次数可随时调整，它是身体素质练习中常用的一种手段。

2. 对抗性练习

这种练习的双方力量相当，依靠不同肌肉群的互相对抗，以短暂的静力性等长收缩来提升力量素质，如双人顶、双人推拉等。对抗性练习几乎不需要任何器械及设备，也容易激发练习者的兴趣。

3. 克服弹性物体阻力的练习

依靠弹性物体变形产生的阻力来提升力量素质，如使用弹簧拉力器、拉橡皮带等。

4. 利用外部环境阻力来练习

如在沙地、深雪地、草地、水中的跑、跳等练习。做这种练习要求轻快用力，所用的力量往往在动作结束时较大。

5. 克服自身体重的练习

这种练习主要是由人体四肢的远端支撑来完成的，迫使机体的局部部位承受体重，促使该局部部位的力量得到发展，如引体向上、倒立推进、纵跳等。

6. 利用特制的力量练习器进行练习

特制的练习器，可以使练习者的身体处在各种不同的姿势（坐、卧、站）下进行练习。不但能直接提升所需要的肌肉群力量，还可减轻心理负担，避免伤害事故发生。

（二）力量素质练习注意事项

一是注意做好力量练习前后的准备活动和放松活动，练习时精力要集中，要加强安全教育。进行大强度练习时，要特别注意肌肉的放松，防止肌肉僵化，提高肌肉的弹性。

二是应根据需要使肌体的局部力量练习与整体力量练习、发展大肌肉群力量练习和发展小肌肉群力量练习结合起来。

三是要根据具体对象和任务来确定练习形式、重复次数、时间间隔，以及重量和难度。由于力量素质增长得快，消退得也快，所以每周练习不能少于两次。

二、速度素质

速度素质是指人体进行快速运动的能力或在最短时间内完成某种运动的能力。按其在运动中的表现可分为周期性运动的位移速度、动作速度和反应速度三种形式。

（一）提升位移速度的基本方法

提升跑速主要是指提升短跑速度，提高短跑成绩。提升短跑速度要求身体素质全面发展，特别是肌肉的爆发力和弹性要好，反应速度要快，动作要协调，要具有良好的速度耐力、灵敏度、柔韧性以及合理的技术。

练习短跑是提升跑速的基本方法，如蹲踞式起跑、加速跑、行进间跑、不同距离的大强度反复跑、接力跑、借外力跑、跑的专门练习和速度性游戏等。参加测验和比赛是提高短跑成绩不可缺少的重要方法。在不同时期、不同训练任务的情况下采用这些方法时要安排必要的运动量和强度。

（二）提升动作速度的基本方法

提升动作速度主要是指进行快速重复练习，提高肌肉收缩速度，提升对抗的力量和速度，此外，合理的动作和肌肉用力的协调性也有助于提高动作速度。

通常采用快速反复推举轻杠铃的跳跃、在保持动作正确情况下快速原地高抬腿跑、快速立卧撑、快速反复起跳、徒手或持不同重量器械的快速投掷，以及反复快速旋转、滑步等进行练习。

（三）提升反应速度的基本方法

提升反应速度通常采用听信号起跑、在运动中听信号，或视标记迅速改变动作方向和方式等进行练习。

三、耐力素质

耐力素质是身体素质的一种，耐力是人体进行长时间活动和对抗疲劳的能力。从人体是一个完整统一体的观点来看，应把耐力看作有氧耐力、肌肉耐力和无氧耐力的综合。

耐力素质在各个运动项目中都是重要的基本素质，但是不同的运动项目需要的耐力各有其特点。因此，耐力可分成一般耐力和专项耐力。从运动生理学角度看，其又可分为速度耐力、力量耐力和静力性耐力等。耐力训练（有些运动项目称为体能训练）中，应注意年龄与性别特征等因素。非专项运动员无须进行专项耐力训练，特别是普通大学生无须进行大强度的无氧耐力训练。

（一）耐力素质练习方法

第一种方法，10～15 分钟定时跑。在场地上、校园内或树林中，强度为 55%～65%。

第二种方法，5 次爬坡跑。在倾斜角度为 15°～20° 的山坡上进行上坡跑，重复 5 次，距离为 100～200 米，间歇 3～5 分钟，强度为 60%～70%。一般耐力训练不要求跑速，通常用心率指标控制强度，一般心率维持在 120～140 次/分，如加大强度，心率指标要求达到 140～160 次/分。

第三种方法，5 分钟变速跑。在场地内以 50 米分段做变速跑，如 50 米快—50 米慢，或 50 米慢—100 米快，强度为 60%～65%。

第四种方法，中速往返跑。在篮球场内，沿底线听口令跑至对面底线，每组往返 4～6 次，重复 3～5 组；也可以采用侧身滑步跑、交叉步跑或踢腿跑等进行练习。

第五种方法，反复变向跑。在田径场或足球场内，听口令或看信号，做前后左右变换方向跑。每组 2 分钟，重复 3～5 组，组间间隔 3～5 分钟，强度为 55%～60%，变向跑的每个段落均为往返跑，跑出后返回起跑位置。每次至少完成 50 米，间歇后心率恢复到 120 次/分以下。

第六种方法，连续侧滑步跑或侧身交叉步跑、前后交叉步跑等。跑100～150米，重复4～8组，不规定速度，但每次练习后心率指标为130～150次/分。

第七种方法，阶梯式变速跑。在场地内，采用阶梯式变速跑的方法，如50米快—100米慢—100米快—150米慢等，总跑量可以为1500～2000米。

第八种方法，正、倒交替跑。在跑道上起跑加速200米后接做倒退跑100米，不要求速度，至100米处做向后转身放松跑100米，完成3～5组，每组间隔4～5分钟，强度为60%～70%。

第九种方法，左右侧交叉步走或连续半蹲走50～100步。交叉步走时，左腿向右侧交叉、右腿向左侧交叉。半蹲走时，要求采用两手扶膝或半蹲姿势向前连续走，完成4～5组。休息时进行放松跑练习。

第十种方法，组合练习。小步跑50米—高抬腿跑50米—后蹬跑50米—加速跑50米，放松跑100～200米为一组练习，完成3～4组，心率为130～150次/分。

第十一种方法，组合练习。快步走100米—弓步走50米—左右侧交叉步走50米—快速高抬腿走50米—半蹲走50米—放松走100米。完成3～4组，心率为130次/分钟左右。

（二）耐力素质训练的注意事项

1. 耐力训练（以耐力训练为主的体育课）前的饮食

进行训练之前最好提前一小时进食，训练与饮食之间时间间隔不能少于 30 分钟；不要吃一些含纤维多的不易消化的粗杂粮；进行耐力训练前可以适当增加蛋白质与脂肪的摄入量，严禁不吃早餐进行耐力训练，否则很容易造成低血糖，出现伤害事故。

2. 应当重视耐力训练前的准备活动

耐力训练前的准备活动最少应持续 20 分钟，主要以慢跑和比较轻松的游戏及全身活动为主，不要进行比较剧烈的对抗性游戏。

3. 耐力训练应当注意选择正确的运动姿势和呼吸方式

耐力训练目前主要以较长距离跑为主，要求大腿前摆较低，步长较小，但步频较快，脚着地时多采用滚动着地，重心起伏小，平稳前进，双臂的摆幅较小，不超过身体中心线，高度一般不超过肩。

耐力训练中的呼吸方式，对跑的能力起着决定性的作用，一般呼吸节奏有以下几种。

（1）二步吸气和二步呼气（四步一个呼吸周期）。

（2）一步半吸气和一步半呼气，或二步吸气和一步呼气（三步一个呼吸周期）。

（3）一步一吸气一步一呼气（二步一个呼吸周期）。

4. 注意合理安排运动负荷，同时学会用脉搏来控制负荷量

因为在负荷、心率、需氧量之间存在着线性关系，心率可以作为各种训练手段对肌体作用的可靠指标，心率在150次/分以下的跑是在有氧供能下进行的；心率为160～180次/分的跑为有氧—无氧供能（混合方式）；心率在180次/分以上的为无氧供能。心率为160～180次/分的临界下速度练习是组合性的，对提升耐力帮助很大。

5. 注意练习手段的渐进性、多样性和趣味性

练习手段的渐进性一般是指从健身走过渡到健身跑，从有氧耐力过渡到有氧和无氧混合代谢训练。练习手段以单人练习徒手或持器械，过渡到双人或多人组合性练习，再到多人的对抗性训练；也可以先进行低强度的持续性练习（如匀速跑）再到变速跑，最后进行强度较大的不完全休息间歇训练。在变速跑、间歇跑、重复跑过程中，距离也应该由短到长，组间间隔时间应由长到短。大学生主要以有氧训练为主。

6. 应当重视耐力训练以后的放松运动，加速恢复，消除疲劳

进行耐力训练以后，人的体能消耗很大，虽然大学生身体素质好，但也应做放松运动，使恢复时间缩短，消除疲劳，为下一次训练做好准备。

四、柔韧素质

柔韧素质是指胯关节的肌肉、肌腱、韧带等软组织的伸展能力，即关节活动幅度的大小。影响柔韧素质的因素是多种多样的，有生理因素、遗传因素，也有后天的训练、营养等因素，其中最主要的是生理因素。

（一）柔韧素质的训练方法

柔韧素质的有效训练方法主要有两种：静力拉伸法和动力拉伸法。静力拉伸法是指通过相关肌肉的收缩与放松来增加关节活动幅度的方法。动力拉伸法是指依靠外力的作用促使关节活动幅度增加的方法。静力性的柔韧性练习方法主要包括：肋木上的正压腿、侧压腿、后压腿、压肩、下腰、弓箭步压腿等，体前屈、腰回环、臂的前后回环等，垫上两人一组或单人做直腿并腿屈压、盘腿屈压、跨栏坐、跪撑、纵向横向劈叉、仰卧压腿等。动力性的柔韧性练习方法主要包括：扶肋木做各种大幅度的正摆腿、侧摆腿、后摆腿等，行进间的各种摆腿和踢腿，两人一组相互压肩、拉伸肩等。在教学实践中常把两种练习方法结合起来使用。

（二）柔韧素质训练中应注意的问题

首先，应注意柔韧素质训练的科学性，做好准备活动。开始时可先进行一般性练习，使体温升高，身体微微出汗，以便降低身体肌肉的黏滞性。再进行柔韧性练习，防止拉伤肌肉。练习时，动作的速度、力量与幅度应逐渐加大，不可用力过猛。练习时可先做些伸展运动、腰部运动、抱腿体前屈、髋关节屈伸及绕环动作，然后进行压肩、转肩、直腿体前屈、压腿、踢腿、摆腿、劈叉等柔韧性练习。

第二，要注意柔韧素质训练的系统性，循序渐进，持之以恒，否则身体各关节肌肉肌腱、结缔组织等的伸展性会逐渐降低，同时还会造成体内脂肪的堆积，阻碍柔韧性的提高。

第三，在柔韧素质训练中，要采用动静结合的方法。比如做完压腿动作后，再做踢腿动作，使韧带由压腿时的静止状态过渡到踢腿时的动力状态，通过伸缩运动的交替进行，使韧带更富弹性。

第四，柔韧素质训练可与其他素质训练同步进行。既可提高力量，又能提高柔韧素质，还能提高动作协调性，从而达到刚柔相济的效果。

五、灵敏素质

灵敏素质是指人体迅速改变体位、转换动作、变换身体姿势和方向的能力，是人体综合能力的反应。灵敏素质是提高技术动作质量和创造优异成绩的重要条件。其在各个运动项目中的作用主要有以下两点：第一，能够保证人体准确、熟练、协调地完成动作，取得优异成绩；第二，能够灵活、巧妙地战胜对手，取得比赛的胜利。

（一）灵敏素质练习的主要方法

（1）在跑、跳中做迅速改变方向的各种跑、躲闪、突然启动，以及各种快速急停和迅速转体练习等。

（2）做专门设计的各种复杂多变的练习，如用“之”字跑、躲闪跑、穿梭跑、立卧撑组成综合性练习。

（3）以非常规姿势完成练习，如侧向或倒退跳远等。

（4）限制完成动作的空间，如在缩小的球类运动场地内进行练习。

（5）改变完成动作的速率，如变换动作频率或逐步增加动作频率。

（6）做各种变换方向的追逐性游戏和对各种信号做出应答反应的游戏等。

（二）提升灵敏素质应注意的问题

（1）练习方法、手段应多样化并经常改变。

（2）掌握一定数量的基本动作并结合专项要求进行训练。

（3）抓住提升灵敏素质的最佳时期并合理安排训练时间。

（4）进行灵敏素质练习时应注意消除练习者的紧张心理。

六、身体素质的练习方法

（一）俯卧撑

动作要领：两手撑地，间距较宽，身体伸直，肩部稍向前倾，臀部略抬起，足尖蹬地，两肘向外。身体下降到最低位置时，肩关节放松，胸大肌充分伸展；向上撑起时，以胸大肌的收缩力使臂伸直。

（二）仰卧起坐

动作要领：

（1）仰卧在地上，屈膝并腿，脚平放在地板上，手置于头后。

（2）以腹肌上部肌群的收缩力量使上体抬起，头尽量触膝。稍停，再慢慢还原。

（三）立定跳远

动作要领：

（1）预摆：两脚左右开立，与肩同宽，两臂前后摆动。往前摆时，两腿伸直；往后摆时，屈膝降低重心，上体稍向前倾，手尽量往后摆。要点：上下肢动作协调配合，摆动时一伸二屈降重心，上体稍向前倾。

（2）起跳腾空：两脚快速用力蹬地，同时两臂稍屈，由后往前上方摆动，向前上方跳起腾空，并充分展体。要点：蹬地快速有力，腿蹬和手摆要协调，空中展体要充分，强调离地前的前脚掌瞬间蹬地动作。

（3）落地缓冲：收腹举腿，小腿往前伸，同时双臂用力往后摆动，并屈膝落地缓冲。要点：小腿往前伸的时机要把握好，屈腿前伸臂后摆，落地后往前不往后。

（四）蛙跳

动作要领：

（1）预备：直立，两臂自然下垂。

（2）做法：两腿稍分开呈半蹲姿势，上体稍向前倾，两臂在体后，两腿用力蹬地，充分伸直髋、膝、踝三个关节；同时两臂迅速向前摆，身体向前上方跳起，然后用全脚掌落地，屈膝缓冲，两臂回摆呈预备姿势，如此连续进行。两跳之间的衔接要快，使跳的动作有节奏而轻快。

（五）弓箭步交换跳

动作要领：进行练习时，前腿弯曲，后腿伸直，同时挺胸、塌腰，身体重心下降，两腿充分分开；起跳时利用两腿蹬地的力量使身体向上跳起，在空中交换前后腿，落地时呈弓箭步。

（六）引体向上

动作要领：引体向上是发展上肢力量的主要练习方法之一。练习者跳起用双手正握杠，两手与肩同宽完成直臂悬垂。静止后，两臂同时用力向上引体，上拉到下颌超过横杠即为完成该动作。

（七）悬垂举腿

动作要领：从悬垂姿势开始，将两脚伸直并拢，收腹前举腿，屈髋大于 90°，然后慢速伸直髋关节，还原悬垂姿势。该练习主要用于提升人体的腹肌力量。

（八）立卧撑

动作要领：两腿屈膝全蹲，两手与肩同宽在体前撑地，两脚蹬地向后伸直两腿，然后两腿蹬地收腹向胸部提大腿，用两前脚掌撑地，同时两手推离地面，两脚全脚掌着地，伸直两腿呈站立姿势。

单元十　游泳

学习目标：

1. 了解游泳运动的特点及功能。
2. 掌握游泳运动的基本要领及技术。
3. 熟悉游泳运动基本的竞赛规则。

素质目标：

游泳运动泳姿多样，技巧丰富，对身体的锻炼比较全面，有很高的健身价值和很强的观赏性、趣味性。

游泳运动是人凭借自身肢体动作与水的相互作用，在水上漂浮前进或在水中潜泳的一种有意识的技能活动。它一直与人类生存、生产和生活相联系。因为游泳在水中进行，消耗的热量比在陆地大得多，所以必须尽快补充所散发的热量，从而促进体内新陈代谢，使体温调节机能得到改善，促进身心健康，以及健美体形的形成。在现代社会中，游泳运动是最受大众喜爱的体育项目之一。

专题一　游泳运动概述

随着游泳运动的不断发展，其类别日益细化，内容愈发多样，功能逐步多元化。根据功能来分，游泳运动可分为竞技游泳、实用游泳和大众游泳三类。

一、竞技游泳

竞技游泳是指有特定技术要求，按游泳竞赛规则进行的游泳运动竞赛项目。随着游泳运动的不断发展，竞技游泳的内容和形式也不断丰富。目前竞技游泳分为游泳池比赛和公开水域比赛两大类。

二、实用游泳

实用游泳是指为了生产、国防建设和生活需要进行的游泳活动。它的技术多样，确切地说应该叫实用游泳姿势，因为实用游泳姿势不像竞技游泳那样有严格的要求，技术上不存在对与错，只能说姿势合理或者不合理、省力或者不省力，而不能说姿势错了或者犯规。

三、大众游泳

大众游泳是一种以增强体质为宗旨，以丰富人们文化生活为目的的游泳活动。这种以健身、实用、娱乐为目的的游泳项目，由于不追求技术和速度，形式简单、多样，已越来越被人们所重视，发展相当迅速。

专题二 游泳入门

熟悉水性是游泳教学中的一个重要环节，是初学者必须经过的第一个阶段。其目的是让初学者体会与了解水的浮力、压力、阻力等特性，逐步适应水中的环境，消除怕水心理，培养对游泳的兴趣，并掌握一些最基本的动作，如呼吸、浮体、滑行等，为以后学习各种游泳技术打下基础。下面介绍几种常见的熟悉水性的练习方法。

一、水中行走

练习水中行走的目的，主要是体会水的阻力，掌握在水中站立和行走时维持身体平衡的方法，消除怕水心理。常见的练习方法有：

（1）扶池边向前、向后、向两侧行走。

（2）集体拉手向前、向后、向两侧行走。

（3）各种方向的走、跑及转身、跃起。

二、呼吸

练习呼吸的目的，在于初步掌握游泳时的呼吸方法、呼吸过程和呼吸节奏，适应头浸入水中的刺激感，消除怕水心理。常用的练习方法有：

1. 闭气练习

面对池壁，两手扶池边站立。练习时用口吸气后闭气，然后低头，将面部和头没入水中，在水中停留片刻后起立，在水面上呼气和吸气。在水中闭气的时间，可随练习次数的增加而逐渐延长，但需控制在个人能力范围之内。

2. 呼气练习

练习方法同上，当面部和头没入水中稍闭气后，用口或口和鼻缓慢而均匀地呼气，但不要把气呼完，在呼气的后半部分，要一边呼气一边抬头，当口露出水面时用力将气呼完。起立，在水面上用口吸气。

3. 连续呼吸练习

练习方法同上，但要求动作连贯，如此反复，直到能连续做 20～30 次。

三、浮体与站立

练习浮体与站立的目的是体会水的浮力，掌握在水中浮体、维持身体平衡和由浮体到站立的方法，进一步消除怕水心理。常用的练习方法有以下两种。

1. 抱膝浮体

站立在齐胸深水中，深吸气后闭气，下蹲低头抱膝团身，使身体自然漂浮于水中。站立时，松手，向前伸两臂，然后轻轻下压使头抬起，同时两腿向下伸，脚触池底站立，两手臂在体侧拨水维持身体平衡。

2. 展体浮体

站立在齐胸深水中，两臂放松向前伸。深吸气后，屈膝下蹲，身体向前倾并低头，两脚轻蹬池底，两腿放松上浮呈俯卧展体姿势漂浮于水中。站立时，收腹、屈膝、收腿，两臂向下轻轻压水并抬头，同时两腿下伸，脚触池底站立，两手臂在体侧拨水维持身体平衡。

四、滑行

练习滑行的目的，是使初学者体会和掌握游泳时身体的水平位置与流线型姿势，提高初学者在水中控制身体的能力，为学习各种泳姿打好基础。常用的练习方法有以下两种。

1. 蹬池底滑行

两脚前后开立于齐胸深水中，两臂向前伸，两手并拢。深吸气后上体向前倾并屈膝，当头和肩没入水中时，前脚掌用力向后下蹬离池底，随后两腿并拢，使身体呈流线型向前滑行。

2. 蹬池壁滑行

背对池壁，一手扶池边，一臂向前伸，一脚在池底站立，另一脚蹬在池壁上。深吸气后低头，上体在水中前倾呈俯卧姿势。提臀向上收支撑腿，两脚贴于池壁上，臀部向后移，两臂向前伸并拢，头夹于两臂之间，两脚用力蹬池壁，使身体呈流线型姿势向前滑行。

专题三　游泳技术

游泳的基本技术有四种：自由泳、蛙泳、蝶泳和仰泳。本专题主要讲解自由泳技术和蛙泳技术。

一、自由泳技术

自由泳是竞技游泳比赛项目之一，比赛时，运动员多采用最快的爬泳技术，因此人们把爬泳也称为自由泳。爬泳时，身体俯卧于水面上，两腿上下交替打水，两臂轮流向后划水，动作像爬行，故称爬泳。这种姿势结构合理，受到的阻力小，速度均匀，是最省力的一种游泳姿势。

（一）自由泳基本技术

1. 身体姿势

自由泳（见图 10-1）时，身体俯卧在水面上呈流线型，背部和臀部的肌肉保持适当的紧张度。在游进中保持头部平稳，水面齐发际，身体与水面保持 3°～5° 的夹角。游进中，身体随划水和移臂动作不停地、有节奏地沿身体纵轴转动，向每侧转动的角度为 35°～45°（两肩连线与水面形成的夹角）。

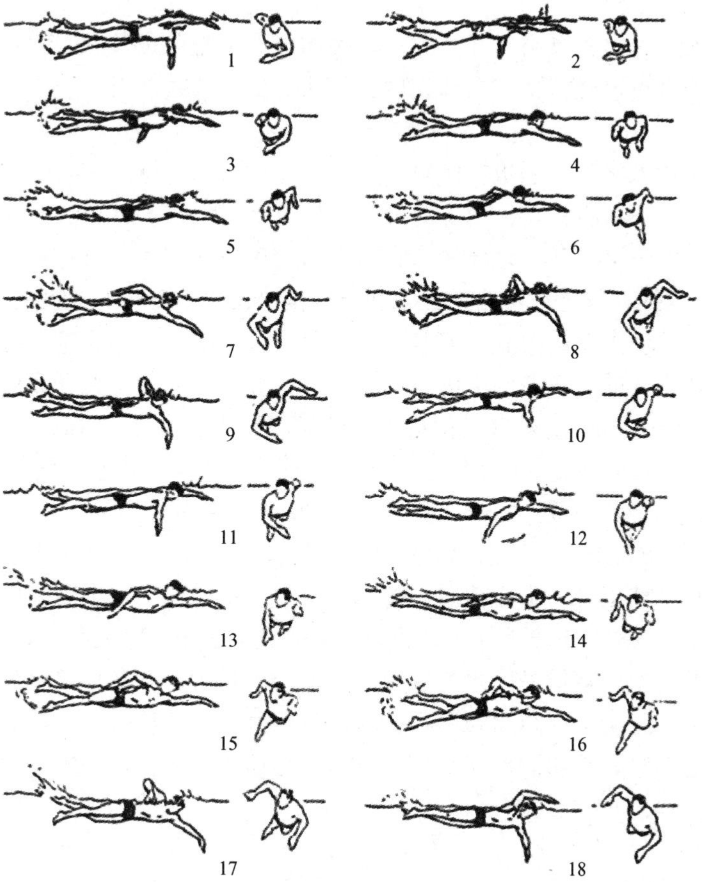

图 10-1 自由泳

2. 腿部技术

自由泳时腿部动作虽有一定的推进力，但主要起平衡作用，保持身体的稳定和协调双臂做有力的划水。

自由泳时，两脚稍向内扣，踝关节放松，由大腿发力，带动小腿和脚做上下“鞭打”动作。两脚上下打水的自由泳打腿分为向上打腿和向下打腿，其中向下打腿是推进力的主要来源。

向下打腿时，由于惯性作用，此时小腿和脚仍继续向上移动。当膝关节弯曲成约 160°时，腿和脚开始向下移动。

当膝关节尚未完全伸直时，大腿开始向上打水而小腿和脚仍继续向下，直到膝关节完全伸直。此后，小腿和脚随大腿向上移动，当脚上移到尚未升至水面时，大腿开始向下打水，进入下一次打水动作，具体见图 10-1。

3. 手臂技术

自由泳时，臂部动作是推动身体前进的主要动力，分为入水、抱水、划水、出水和空中移臂五个不可分割的阶段。

（1）入水。入水时肘关节略屈并高于手，手指自然伸直并拢，掌心朝向侧下方，大拇指领先入水。手的入水点一般在身体纵轴和肩关节的前后延长线之间，整个手臂入水的顺序为手、前臂、上臂。

（2）抱水。手臂入水后，积极插向斜下方，手臂伸直、外旋，掌心转向正下方，紧接着勾手腕、屈肘、手向下后方移动，而上臂则几乎保持不动。当手移至头的前下方，手臂与水面约成 40° 时，抱水动作结束，此时肘关节弯曲成 150° 左右，肘高于手。

（3）划水。划水的动作过程可分为拉水和推水两个部分。紧接着抱水之后的是拉水动作，这时要保持抬肘，并使上臂向内旋。同时继续屈肘，使手的动作迅速赶上身体的前进速度，也使主要肌肉群在良好的工作条件下进入推水动作。拉水至肩的垂直平面后，即进入推水部分，这时肘的屈度约为 100° 。上臂在保持内旋姿势，带动前臂用力向后推水的同时，使肩部后移，以加长有效的划水路线。向后推水有一个从屈臂到伸臂的加速过程，手掌以从内向上、从下向上的动作路线加速划至大腿旁。整个划水动作中，手的轨迹始于肩前，继之到腹下，最后到大腿旁，呈“S”形。

（4）出水。划水结束时，掌心转向大腿。出水时，小指向上，手臂放松，微屈肘。由上臂带动，肘部向外上方提拉前臂和手出水面，掌心转向后上方。出水动作必须迅速而不停顿。

（5）空中移臂。空中移臂是出水的继续，在移臂过程中，手和前臂要放松。上臂以肩为轴向前移动，肘关节经历了逐渐屈肘再到逐渐伸肘的过程。在移臂的前半部分，肘领先于手向前移动；移至肩侧时，手和前臂开始超过肘向前移动，准备入水开始下一轮手臂动作。

（二）自由泳配合技术

1. 两臂的配合技术

自由泳两臂的正确配合是均匀前进的重要条件之一。划水时，依照两臂所处的位置不同，可以分为三种配合形式，即前交叉、中交叉和后交叉。

前交叉配合是指一臂入水时，另一臂的肩前方与水平面成 30° 左右。前交叉有利于初学者掌握自由泳的动作和呼吸要领。

中交叉配合是指一臂入水时，另一臂处在向内划水阶段与水平面成 90° 左右。

后交叉配合是指一臂入水时，另一臂划至腹下，手与水平面成 150° 左右。

2. 呼吸与臂的配合

自由泳时，正确的呼吸动作和恰当的呼吸时机，保证了机体对氧气的需求，有助于充分发挥肌肉力量。

自由泳时，呼吸动作应有节奏地进行，一般是两臂各划一次，做一次呼吸。以向右侧吸气为例，右手入水后，口鼻逐渐开始呼吸，并随着划水的进行加速呼气，拉水动作结束，转入推水时，身体开始向右侧转动，同时在身体转动的基础上向右转头。当推水动作要结束时，嘴露出水面，并张口吸气。手出水时，吸气结束，然后头随着移臂和身体的转动而转回正常位置。

3. 腿、臂、呼吸完整配合动作

自由泳完整配合动作，即腿、臂、呼吸完整配合动作。

自由泳臂与腿的配合有多种形式，其中 6∶2 配合是较常见的一种，即臂划水 2 次、腿配合打水 6 次（通常称为 6 次打腿配合）。此外还有 4∶2、2∶2 等配合方式，一般来说，短距离运动员几乎都采用 6 次打腿配合方式，而长距离运动员则多采用 2 次或 4 次打腿配合方式。

腿、臂、呼吸完整配合动作中，短距离多采用 6∶2∶1 配合，即在一个完整的动作周期内，运动员两臂各划水 1 次，两腿各打水 3 次，呼吸 1 次。

（三）自由泳出发技术

游泳的出发技术包括站在台上出发与从水中出发，前者主要包含蝶泳出发、蛙泳出发和自由泳出发，后者为仰泳出发。台上出发的几种方式在台上的动作基本相同，主要区别是入水之后的动作。自由泳入水之后一般做快速地爬腿或蝶腿的打水动作，然后迅速出水做爬泳的配合。从起跳的准备动作到入水这一时间段的技术有许多种：根据手臂的放置位置，可分为“抓台式出发”和“摆臂式出发”；根据两脚所站的位置，可分为“一般式出发”和“蹲踞式出发”；根据腾空的高度和入水的角度，可分为“平式出发”和“洞式出发”。

1. 准备姿势

双脚分开，与肩同宽，脚趾扣住跳台边缘（双脚扣住，或一脚扣住一脚在后采用“蹲踞式出发”）。双手放在身体两侧的方式叫“摆臂式出发”；两手抓住出发台的边缘（前沿或后沿）的方式叫“抓台式出发”；臀部处于双脚正上方；膝盖弯曲到 130°～140°，身体重心尽量向前，头向下，下巴靠近胸部，眼睛看距池边 2 米处的入水点。

2. 起跳

向前摆手，双手并拢，头在两臂之间稍微向下，身体向前滚。摆臂动作对于保证跳得远和动作有力是很重要的，摆臂之后应紧跟着腿部有力的蹬出动作。

3. 腾空

一旦离开池边，就要努力将身体伸展呈流线型。不过在做飞行动作时，应稍微弯曲身体以获得良好的入水姿势。腾空动作贴近水面，以 15°～20° 入水的方式称为“平式出发”。腾空动作比较高，入水角度在 30° 以上的方式称为“洞式出发”。

4. 入水

手指应首先入水，头保持在伸展的两臂之间，使头顶跟着双手和双臂入水，在此阶段身体应呈流线型，不能有任何弯曲。

5. 入水后动作

入水之后，双臂可以在水下做一次类似于蝶泳手臂的长划臂动作，双腿可做一次蛙泳腿的动作。在第二个蛙泳配合动作开始前，头部必须露出水面。

（四）自由泳转身技术

游泳竞赛规则中规定，自由泳转身时，可用身体任何部位触池壁。目前常见的转身技术有摆动式和前滚翻式两种。

1. 摆动式转身

这种转身不如前滚翻式转身速度快，但简单易学、省力，能保证呼吸节奏，常为初学者和水平较低的运动员采用。

触壁：以右手触壁为例。游近池壁时，随着左臂做最后一次划水动作，右臂向前伸，手掌在高于身体重心的水面上触壁。

转身：随着游进的惯性，右臂屈肘，身体向左转，并向前屈膝收腿，使头和肩露出水面，两腿向池壁靠近。右臂推池壁，向回转方向甩头摆臂，两腿继续靠近池壁，形成力偶。转动中，左臂在水中由下向上拨水，帮助身体迅速沉入水中。右臂从空中回摆切入水中，两脚贴着池壁，身体呈侧卧的蹬壁姿势。

蹬壁：转身后，两臂伸直，头夹在两臂之间，两脚用力蹬出。

滑行与开始游泳：蹬壁后，身体呈流线型在滑行中转为俯卧姿势，当感觉到速度下降时，开始打腿并接着划水升到水面游泳。

2. 前滚翻式转身

前滚翻式转身较摆动式转身动作速度更快，高水平自由泳运动员基本采用此转身技术。但因手不触壁，其难度较摆动式转身大，初学者掌握起来有一定困难。

游近池壁：当游到头离池壁 1.5～2 米时（以游速的快慢和身材的高矮而定），以强有力的最后一次划水动作，为转身做好准备。

转身：利用划臂所获得的速度，两臂停在体侧，低头、压肩、并腿向下打水，掌心转成朝下。随着头继续向下，两手向下方拨水，提臀、收腹、屈髋，头和背受到阻力不再向前，而身体重心高于头和肩，下半身和腿继续向前运动，形成力偶，身体向前滚翻。当臀部越过头部时，左手向头部方向拨水，使身体绕纵轴转动，同时，腿屈膝加速翻转，使两脚甩向池壁，身体呈侧卧姿势，完成转身。在滚翻过程中，应保持微呼气，以避免鼻腔呛水。

蹬壁：转身后，身体在侧卧姿势下立即蹬壁。蹬壁时，两臂向前伸，身体绕纵轴向俯卧方向转动。

滑行与开始游泳：蹬离池壁后，身体保持流线型姿势向前滑行，并继续转为俯卧姿势，当感觉到速度下降时立即打腿并划水，升到水面游泳。

（五）自由泳练习方法

1. 手臂与呼吸配合练习

陆上模仿练习：

（1）两脚开立，上体向前屈，做两臂划水的模仿练习。

（2）练习同上，与呼吸相配合。

水中练习：

（1）站立在水中，上体向前倾，肩浸入水中，做两臂划水动作，边做边走，同时转头呼吸。

（2）蹬边滑行后闭气，做两臂配合动作。

（3）腿夹打水板，蹬边滑行后，做两臂划水动作，与转头呼吸相配合。

2. 腿部动作练习

陆上模仿练习：

（1）坐姿打水：坐在池边或地上，两手向后撑，两腿伸直，腿向内旋使脚尖相对，脚跟分开呈“八”字，两腿放松，以髋为轴，大腿带动小腿，上下交替打水。

（2）卧姿打水：俯卧在凳上，做两腿上下交替打水练习，要求同上。

水中练习：

（1）俯卧打水：手握池槽，或由同伴托其腹部，呈水平姿势，两腿伸直，做直腿或屈腿打水练习。

（2）仰卧打水：采取仰卧姿势，手握池槽，或由同伴帮助托其背部，做两腿交替打水练习，注意膝盖不要露出水面。

（3）滑行打水：练习时要求闭气，两臂伸直并拢，头夹于两臂之间。

（4）扶板打水：练习时两臂伸直，手扶扶板，肩浸入水中，手不要用力压板，自然呼吸。

3. 手臂、腿和呼吸的配合练习

（1）站立在水中，上体向前倾做划臂与呼吸配合的练习，用力划水向前移动，然后蹬离池底，两腿打水形成完整配合。

（2）蹬边滑行打水漂浮 5～10 米，做自由泳两臂划水与呼吸配合的练习。

二、蛙泳技术

蛙泳，是模仿青蛙的游泳动作而形成的最古老的一种泳姿，见图 10-2。蛙泳的内部技术结构极为复杂，臂腿变化方向多，是四种姿势中速度最慢的。但蛙泳也有一些独有的优点，

如蛙泳的呼吸比较容易掌握，每个动作周期结束后都有一定的滑行放松时间，所以容易学会，而且掌握动作节奏后很快就能游较长的距离。此外，由于蛙泳便于观察前方，在实用游泳，如救生等领域有着重要的作用。

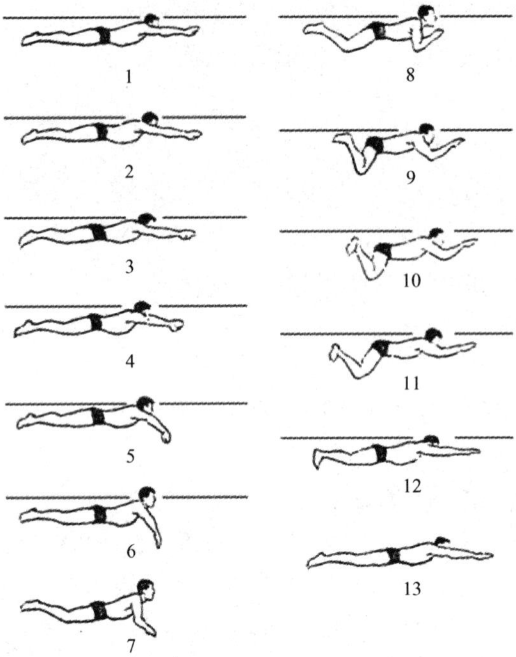

图 10-2　蛙泳

（一）蛙泳基本技术

1. 身体姿势

蛙泳时，在游进之中，身体不是固定在一个位置上的，而是随着手、腿的动作不断地变化。蛙泳时，身体俯卧于水中，身体随着手臂和呼吸动作而略有起伏。当一个动作周期结束后，应展胸、稍收腹、微塌腰，两腿并拢，两臂尽量伸直，颈部保持稍紧张状态，头置于两臂之间，眼睛注视前下方，整个身体应以身体的横向为轴做上下起伏的动作。在划水和抬头吸气时，头抬出水面，肩部上升，并开始收腿，但这时身体仍较水平地俯卧于水面上。

2. 腿部技术

蛙泳的腿部动作不仅起到保持身体平衡的作用，还可以产生较大的推进力。主要动作环节可分为收腿、翻脚、蹬腿和滑行，这四个环节是紧密相连的。

（1）收腿。开始收腿时，两腿随着吸气的动作自然放下，同时两膝逐渐分开，小腿向前回收，回收时两脚放松，脚跟向臀部靠拢，边收边分。收腿时力量要小，两脚和小腿回收时要收在大腿的投影面内，以减少回收时的阻力。

收腿结束后，大腿与躯干之间角度约为 120°～140°，两膝内侧大约与髋关节同宽。大腿与小腿之间的角度约为 40°～45°，并使小腿尽量呈垂直姿势，这样能为翻脚、蹬水做好有利的准备。

（2）翻脚。翻脚时，膝关节稍向内扣、勾脚尖，膝关节和踝关节向外转动，使脚内侧和小腿内侧向后对准蹬水方向。翻脚动作结束后，两脚之间的距离略大于两膝之间的距离，脚趾指向侧面，脚底向上。收腿与翻脚、蹬水是一个连续的完整动作过程。正确的翻脚动作，在收腿未结束时就已开始，在蹬水开始时完成。如果翻脚后，腿稍有停滞，则会破坏动作的连贯性并增大阻力。

（3）蹬腿。蹬腿动作是推动身体前进的重要动力来源，包括蹬水和夹水，即在向后蹬水的同时向内夹水，使脚的运动路线呈弧线。具体技术是大腿带动小腿向后蹬夹，应先伸展髋关节，然后是膝关节，最后是踝关节，在向后蹬的同时向内夹水。蹬夹过程中，两腿保持勾脚动作，只在腿将蹬直并拢时，两脚踝关节才由原来的背屈转为跖屈，同时两腿自然地从水下向上摆到接近水面的位置，使腿与躯干保持直线状态。蹬腿结束，两腿应并拢伸直，踝关节伸直。

蹬夹水的效果不但取决于腿部关节移动的路线和方向，以及蹬夹水时水面积的大小，更主要的是取决于两腿蹬夹水的速度和力量的变化。蹬夹水的速度从慢到快，力量从小到大。

（4）滑行。蹬夹结束后，由于蹬腿推进力的惯性作用，身体有一个短暂的滑行阶段。蹬腿结束后，腿处于较低的位置，脚距离水面为30～40厘米。此时两腿伸直并拢，腰、腹、臀及腿部的肌肉保护适度紧张状态，使身体呈良好的流线型，利用蹬腿产生的推进力量向前滑行。

3. 手臂技术

蛙泳手臂划水动作可以产生很大的推进力，掌握合理的手臂划水技术，并且使之与腿和呼吸动作协调配合，能有效地提高游进速度。主要动作可分为开始姿势、抓水、划水、收手和移臂五个环节，这五个环节也是紧密相连的。

（1）开始姿势。当蹬腿动作结束时，两臂应保持一定的紧张状态，自然向前伸直，并与水面平行，掌心向下，手指自然并拢，使身体呈一条直线，形成较好的流线型。

（2）抓水。从开始姿势起，手臂先向前伸，并使重心向前，同时肩关节略向内旋，两手掌心略转向外斜下方，并稍屈手腕，两手分开向侧斜下方压水，当手掌和前臂感到压力时，就开始划水。抓水动作一方面能给划水创造有利条件，另一方面还能起到使身体上浮和前进的作用。抓水的速度，根据个人水平的不同而不同，水平较高者抓水较快；反之，则较慢。

（3）划水。当两手做好抓水动作，两臂之间角度大约为40°～45°时，手腕开始逐渐弯曲，这时两臂两手逐渐积极地做向侧下后方的屈臂划水动作。划水时，手的运动应该分为两部分，前一部分：手向外—向下—向后运动，水流从大拇指流向小拇指一边；后一部分：手向内—向下—向后运动，水流从小拇指流向大拇指一边。在划水中，前臂和上臂弯曲的角度是在不断变化的，其标准是以能发挥出最大的力量为准。在整个划水过程中，肘关节的位置都比手高。手运动的路线不应到肩的后下方，而应在肩的前下方。其速度为从慢到快，至收手时应达到最快速度。

（4）收手。划水结束后，手臂向外旋转，手同时向内、向上和向前快速运动，开始收手。收手时，两掌心相对。收手结束后，肘的位置低于手，肘关节弯曲成较小的锐角。

（5）移臂。移臂时，伸直肘关节、肩关节，掌心由开始的向上逐渐转为向内，双掌合在一起向前伸出，在最后结束前逐渐转向下方。

蛙泳整个臂部的动作路线无论是俯视还是仰视都是倒心形的，并且是一个连贯、力量从小到大、速度从慢到快的完整过程。

（二）蛙泳配合技术

1. 手臂与腿配合

一般采用 1 : 1 的配合，即打腿一次，划臂一次。

蛙泳臂与腿的配合是一种交替进行、稍有重叠的技术。两臂外划和下划时，两腿保持稍紧张的伸直姿势；两臂内划时，两腿放松，两膝下沉，开始收腿；两臂开始向前伸时，迅速收腿并做好翻脚动作；两臂接近伸直时，开始向后快速蹬腿；蹬腿结束后，全身伸直呈良好的流线型向前滑行。

2. 呼吸与手臂配合

手臂抓水的同时，开始逐渐抬头，这时腿保持自然放松、伸直的姿势。手臂划水时，头抬至眼睛露出水面，腿还是不动。只有收手时才开始收腿，并稍向前挺髋，这时头抬至口露出水面，并进行快速、有力的吸气。伸手臂的同时低头，用鼻或口鼻进行呼气，并且在手臂伸至将近二分之一处时，进行蹬夹水的动作。之后，让身体伸展滑行一段距离，当速度降低时进行第二个周期的动作。蛙泳的游进过程中，一般是一个周期一次呼吸，这样有利于机体的有氧供应，从而降低疲劳程度。需要注意：在抬头吸气前，必须将体内的废气全部吐完，才能吸进新鲜氧气。

（三）蛙泳出发技术

参见前述自由泳出发技术。

（四）蛙泳转身技术

由于各种泳姿的特点和规则不同，因此转身的方法很多。按动作形象来划分，可归纳为两种：平式转身和前滚翻式转身。相对来说，前者简单易学，后者由于手不触壁，较难掌握。每种泳姿都有其特定的转身方法，蛙泳通常采用平式转身，其动作可分为触壁、转身、蹬壁及滑行四个环节。下面以左转身为例讲解蛙泳转身的动作要领。

1. 触壁

练习者在最后一次蹬腿结束时不减速地游近池壁，两臂向前伸，在正前方高于身体重心的地方触壁。

2. 转身

触壁后，全手掌压池壁，随着惯性屈肘、屈膝、团身，同时身体沿纵轴向左侧转动，并抬头吸气，左手离开池壁并逐渐向左前方伸展。当身体转至侧对池壁时，头向前进方向甩并低头入水，右臂推离池壁，从空中摆臂，同时提臀使两脚触壁，两手经颏下向前伸，两腿弯曲准备蹬壁。

3. 蹬壁

两脚掌贴在水面下约 40 厘米处，两臂向前伸直，头夹在两臂之间，然后用力蹬离池壁。

4. 滑行

蹬壁后，身体呈流线型滑行，当速度减慢到正常游泳速度时，开始划臂至大腿两侧稍停。滑行速度稍慢时，开始收腿，两手贴近腹、胸、颏下向前伸。当两臂伸直夹头时，蹬腿、滑行。两臂开始第二次划水时，头露出水面。

（五）蛙泳练习方法

1. 腿部动作练习

陆上模仿练习：

（1）坐在地上或凳子上，躯干向后仰，双手撑地（凳）。双腿并拢伸直，稍抬起双腿，深吸一口气，屏息。将双腿慢慢收回，膝关节同时外分，收腿开始时脚掌稍向外翻。屈髋、屈膝，双腿收紧靠近臀部，接着不停顿地向后方蹬腿、并拢，同时用口、鼻呼气，蹬水时用力点落在分开的双脚脚掌上。蹬水前半部分脚掌与身体纵轴相垂直，结束时两脚掌像鞭打一样快速伸直。呼气要快，动作要连续。

（2）俯卧在长凳上，练习中速和慢速蛙泳腿部动作。

水中练习：

（1）在池边抓扶手或扶同伴做蛙泳腿部动作。

（2）抬头出水学习腿部动作：蹬池壁或池底滑行，双臂向前伸，抬头使口露出水面，做蛙泳腿部动作。注意双臂前伸不要过深，腿部动作要做得平稳。

（3）双臂向前伸扶板做腿部练习。

（4）入水、水深齐腰，深吸一口气，俯卧于水中，脸入水，臂向前伸。收腿同时两膝分开与肩同宽，脚掌沿水面回收。接着双脚应对称有力地向后下方做半圆形的加速蹬水至动作结束，两腿并拢。做这个动作时，脚掌和脚内侧向后蹬夹水，蹬水结束后，双腿动作稍停，练习者靠加速度在水面上滑行。

2. 手臂动作练习

陆上模仿练习：

上体向前屈，双脚分开与肩同宽，抬头，双臂向前伸。两臂对称向外分，稍向下划水，手掌向外转，手腕微屈，便于手掌更早对水。双臂一开始划水，头顺势抬高，深吸气。抬头动作不要过猛，划臂不要超过肩线。屈肘，双手呈圆形经胸下向前伸，伸手同时用口、鼻做深呼气。

水中练习：

（1）站立在齐腰深的水中，俯卧，两臂向前伸，吸气后屏气，稍屈腕，手掌向外、向下用力划水。屈肘继续划水，双手划至胸前逐渐接近，手掌转向躯干，然后双臂向前伸，呈划水开始姿势。注意划水过程中双臂不要露出水面。

（2）头在水面上练习臂部动作。蹬边滑行，屏息抬头向前看。连续做几次划臂动作，注意不要屈腿。

（3）蹬边滑行，进一步改进臂部动作。

3. 腿、手臂与呼吸配合练习

（1）水中臂、腿配合练习。蹬边滑行，脸入水，屏息，双臂划水。开始划水时收腿，然后双臂向前伸、并拢，双脚蹬水。臂、腿伸直后，在水面滑行 3～4 秒后再重复上述动作。练习 2～3 次后，休息片刻，继续练习。

（2）重复上一练习，但头要抬出水面。

（3）重复上一练习，要交替做抬、低头动作。划水时头抬出水面，收手、蹬腿时头入水。

（4）臂的动作与呼吸相配合。双臂向前伸滑行，头略抬出水面。双臂向前伸时脸入水，口、鼻均匀用力吐气。之后慢慢抬头，开始划臂，利用划臂产生的作用力抬头，张大嘴，快吸气。注意吸气不要太晚，在划臂阶段完成吸气。

（5）完整动作配合。滑行，双腿伸直，双臂向前伸，呼气入水之后开始向后下方划水，抬头，快吸气，双臂接近肩线时开始收腿。双臂向前伸，蹬水时屏息，双臂结束前伸，双腿并拢时呼气入水。

专题四　游泳的安全与卫生常识

游泳是大家非常喜爱的运动项目之一。由于游泳是在水这个特殊环境中进行的，因此如不注意个人卫生，就会影响水的清洁卫生，对人体健康产生危害。为了保证游泳池的卫生和防止不幸事故的发生，必须懂得基本的卫生与安全常识，加强自我保护意识，树立安全第一的思想。

一、游泳卫生常识

（一）身体适宜者才能游泳

患有严重心脏病、精神病、高血压、癫痫等的病人，绝不能下水游泳，以免发生意外；患有活动性肺炎、急慢性肾炎、支气管炎、哮喘等的病人，抵抗力差，而游泳活动量大，体力消耗大，容易使病情加重，这类病人，应暂缓进行游泳；患有传染性肝炎、严重皮肤病等的病人，绝不能下水，以免在公共场所互相传染；患有急慢性中耳炎及鼓膜穿孔者，游泳易使炎症加重，也暂时不要游泳。

（二）不能空腹或饱餐后即刻下水

空腹时，人体血糖低，如下水游泳，易引起大脑缺氧，甚至发生窒息。饱餐后即刻下水游泳，胃与心肺负担过重，容易引起昏迷或呕吐。一般饭后一小时游泳为宜。

（三）不能在水中进食

现代游泳场所朝着娱乐休闲型发展，人们可在游泳场所内购买食品。如果边吃东西边游泳，不仅影响水的卫生，还容易发生事故，如呛水、食物阻塞喉咙等。特别是初学者更要注意，切忌在游泳池中进食。

二、游泳安全常识

（一）做好下水前准备工作

由于游泳池水温（27℃左右）一般低于人体体温，人们在下水后往往会出现肌肉抽搐、关节伸展不开等现象。为此要求下水前进行各种徒手操、原地跑跳等活动，以增加人体热量，同时使颈、肩、腰、膝等关节和全身肌肉活动开。

（二）水温适宜方可游泳

如果水温过低，低于人的体温，身体在水中散热快，能量消耗大。水温低于23℃，人体受冷，容易发生抽搐，甚至休克。一般来说，适宜游泳的水温为23℃～27℃，冬泳除外。

（三）入水前要识别泳池深浅区

初学者如果误入深水区，易发生危险。因此，一定要分清深浅区域的界限，量力而行。

（四）不能推人入水

如在同伴毫无准备之际，突然推他入水，极易发生意外伤害事故，或落在水中正在游泳的人的身上。因此，在泳池中，绝对不能推人下水。

（五）不要在池中潜泳

游泳池中人多，活动余地小。在池中潜泳，不仅容易被人踢到、撞伤，而且耗氧大，容易引起缺氧窒息。

（六）游泳活动量要循序渐进

游泳练习，开始阶段活动量宜小。经过一段时间的练习后，再逐渐增大，循序渐进，使人有个适应和提高的过程。

（七）自救与呼救

游泳时，如遇抽筋，要保持冷静，不要慌张，应立即上岸或呼救，以便周围的人及时来帮助、救护。

专题五　各项泳式的竞赛规则简介

一、自由泳

自由泳竞赛中，可采用任何泳式。但在个人混合泳及混合泳接力赛中，自由泳是指除蝶泳、仰泳、蛙泳以外的泳式。

转身和到达终点时，可用身体任何部位触池壁。

在整个游进过程中，运动员身体的一部分必须露出水面，在转身过程中允许运动员完全潜入水中，但在出发和每次转身后潜泳距离不得超过 15 米，在达到 15 米前运动员的头必须露出水面。

二、蛙泳

出发和每次转身后，从第一次手臂动作开始，身体应保持俯卧姿势，任何时候不允许呈仰卧姿势。

两臂和两腿的所有动作应同时在同一水平面上进行，不得有交替动作。

两手应同时在水面、水下或水上由胸前伸出，并在水面或水下向后划水。除转身前最后一个动作、转身过程中和终点触壁前的最后一个动作外，在手臂的完整动作中，两肘不得露出水面。除出发和每次转身后的第一次划水动作外，两手向后划水不得超出臂线。

在蹬腿过程中，两腿必须做外翻动作，不允许做剪夹、上下交替打水或向下的海豚式打水动作。只要不做向下的海豚式打腿动作，允许两脚露出水面。

在每次转身和到达终点时，两手应在水面、水上或水下同时触壁。触壁前的最后一次划水动作结束后，头可以潜入水中，但在触壁前的一个完整或不完整的配合动作中，头的某一部分应露出水面。

在每个以一次划臂和一次蹬腿顺序完成的完整动作周期内，运动员头的某一部分应露出水面。只有在出发和每次转身后，运动员可在全身没入水中时，做一次手臂充分的向后划至腿部的动作和一次蹬腿动作，但在第二次划臂至最宽点并在两手向内划水前，头必须露出水面。

三、仰泳

在出发信号发出前，运动员面对出发端，两手抓住握手器，两脚（包括脚趾）应处于水面下。

在出发和转身后，运动员应蹬离池壁，除做转身动作时，运动员在整个游进过程中应始终呈仰卧姿势。仰卧姿势允许身体做转动动作，但必须保持与水平面之间的角度小于 90°。头部位置不受此限制。

在整个游进过程中，运动员身体的某一部分必须露出水面。在转身过程中，允许运动员完全潜入水中。但在出发和每次转身后，运动员潜泳距离不得超过 15 米，在达到 15 米前运动员的头必须露出水面。

在转身过程中，当运动员肩的转动超过垂直面后，可进行一次单臂划水或双臂同时划水动作，并在该动作结束前开始滚翻。一旦改变仰卧姿势，就必须做连续转身动作。任何打水或划水动作必须是连续转身动作的一部分。运动员必须呈仰卧姿势蹬离池壁。转身时，运动员身体的某部分必须触壁。

运动员在到达终点时，必须以仰卧姿势触壁。触壁时，允许身体潜入水中。

四、蝶泳

从出发和每次转身后的第一次手臂动作开始，身体应保持俯卧姿势，允许在水下侧打腿。任何时候都不允许转为仰卧姿势。前臂必须在水面上同时向前摆动，并同时在水下向后划水。所有腿部的上下打水动作必须同时进行。两腿或两脚可不在同一水平面上，但不允许有交替动作，不允许有蛙泳蹬腿动作。

在每次转身和到达终点时，两手应在水面、水上或水下同时触壁。在出发和每次转身后，允许运动员在水下做一次（或多次）打水动作和一次划水动作，这次划水动作必须使身体升到水面上。在整个游进过程中，运动员身体的一部分必须露出水面。允许在出发和每次转身后潜泳，距离不得超过 15 米，在达到 15 米前运动员的头必须露出水面。运动员必须使身体保持在水面上，直至下次转身或到达终点。

五、混合泳

个人混合泳必须按照下列顺序进行比赛：蝶泳、仰泳、蛙泳、自由泳。

混合泳接力必须按照下列顺序进行比赛：仰泳、蛙泳、蝶泳、自由泳。

在个人混合泳和混合泳接力比赛中，每一泳式都必须符合竞赛规则的有关规定，在仰泳转蛙泳过程中，运动员必须呈仰泳姿势触及池壁。

单元十一　健美操与体育舞蹈

学习目标：

1. 了解健美操的基本技术。
2. 了解体育舞蹈的分类。

素质目标：

健美操是一项将体操、音乐、舞蹈有机融合，追求人体健康与美的运动项目，集艺术性、观赏性及竞技性于一体。健美操以有氧练习为基础，以健、力、美为特征，可以徒手或手持器械进行练习。

体育舞蹈通常指国际标准交际舞，分为现代舞和拉丁舞 2 个舞系，每个舞系各有 5 个舞种。

大学生学习舞蹈和体操类运动，可以很好地提高身体素质和艺术修养，培养优雅的气质。

专题一　健美操运动

一、健美操运动概述

健美操作为融健、力、美为一体的有氧运动，其表现形式新颖、动作简单易学、音乐节奏极富情趣、充满青春活力，成为当代大学生追求时代精神的一项时尚运动。

（一）健美操运动的概念

健美操是在音乐伴奏下，以身体练习为基本手段，以有氧运动为基础，以追求身心健康、塑造形体和娱乐为目的的新兴体育运动。

近年来，随着健身运动的不断发展，人们对健身的理解进一步深化，知识水平和健身的科学化程度不断提高，对健身的需求也更加多样化和个性化，因此出现了多种健身形式，如近年来兴起的水中健美操和利用移动器械的集体力量练习以及在特殊场地进行的固定器械的有氧练习等，这些新的健身形式使健美运动的内容更加丰富，适合的人群更加广泛，健身的效果更好，同时降低了损伤的可能性。健美操运动正是在此大环境下得到了迅速的发展，呈现出更加多样化和科学化的发展。

（二）健美操运动的兴起

目前，健美操的种类和练习形式呈现多样化发展趋势。其中非常受大学生欢迎的有矫健阳刚的“搏击健美操”，乐舞相融的“拉丁健美操”，别有神韵的“瑜伽健美操”和极富活力的“街舞健美操”等。近年来，随着健美操运动的迅猛发展，健美操领域已经形成各种流派，也得到了社会的广泛认可。

（三）健美操运动的分类

根据健美操锻炼的目的和任务，可将其分为健身健美操、竞技健美操、表演性健美操三大类。

（1）健身健美操

健身健美操是一种以促进身体健康、塑造体形为主要目的，以身体活动为主要内容的中小强度、长时间的有氧运动。健身健美操动作简单，音乐缓慢，练习者的自我调节能力强，适合不同年龄层次、不同需求的健身爱好者。健身健美操按练习形式可分为徒手健美操、轻器械健美操和特殊场地健美操三类。

（2）竞技健美操

竞技健美操是在健身健美操的基础之上发展而来的，是健美操的另一种形式。竞技健美操以比赛或表演为主要目的，在音乐的伴奏下，需要展示练习者连续完成复杂的高强度动作的能力。通常，竞技健美操以成套动作为表现形式，必须展示连续的动作组合、新颖的配合与托举，以及体现柔韧性、力量的各类动作。竞技健美操根据比赛人数可以分为男单、女单、混双、三人和六人操五大项。

（3）表演性健美操

有别于健身健美操和竞技健美操，表演性健美操的主要目的是表演，时间一般为3～5分钟，动作要求比健身健美操复杂，比竞技健美操难度要低。表演性健美操要求动作变化多样，转换流畅，展现出“健、力、美”的特点。表演性健美操包括舞台表演操、基层比赛操、大型团体操等。另外，健身健美操和竞技健美操也可以在某种特定的场合或活动中表演。

二、基本技术训练

健美操的基本技术主要有落地技术、弹动技术、半蹲技术和身体控制技术。这些技术要求都是为了保证练习的安全性，其中落地技术、弹动技术和半蹲技术实际上是紧密联系在一起的。

（一）落地技术

落地时，由脚跟过渡到全脚掌或由前脚掌过渡到全脚掌，然后迅速屈膝、屈髋缓冲。所有动作在瞬间依次完成，用来缓解地面对人体的冲击。同时躯干与手臂保持良好的姿态，肌肉用力以保持动作的稳定性。

（二）弹动技术

健美操的弹动主要依靠踝关节、膝关节、髋关节的屈伸缓冲而产生。它的主要作用是减少运动对关节的冲击，从而减小运动对人体造成的损伤。值得注意的是，在屈伸的过程中，腿部的肌肉要协调用力才能有效地防止损伤，完成流畅的弹动动作。

（三）半蹲技术

半蹲时，身体重心下降，臀部向后下 45° 方向用力，膝关节不应超过脚尖，腰腹、臀部和大腿肌肉收缩，上体保持正直状态，重心在两腿之间，起落要有控制。分腿半蹲时，脚尖自然外开，膝关节弯曲方向与脚尖方向一致，避免关节内扣或过度外开，做膝关节小于 90° 的深蹲。

（四）身体控制技术

1. 身体姿态的控制

健美操的身体姿态是遵循练习安全性和现代人体与行为美的标准而建立的。在整个运动过程中，身体应该保持自然挺拔、头部稍稍昂起的姿态，颈椎、胸椎、腰椎处于正常生理曲线的位置上，并始终保持腰腹和背部肌肉收缩状态，避免因腰腹部位的摆动和无控制而导致腰部损伤。四肢的位置根据具体的动作要求和练习者的个体情况而定，但无论肢体的位置如何变化都应有所控制，避免"过伸"。尤其是无控制的"过伸"，这是造成运动损伤的重要原因。从总体上讲应该伸直时尽可能伸得平直，弯曲时要有明确的角度，而四肢的位置是相对躯干的位置而确定的。

2. 操化动作的控制

健美操的每个操化动作都要有清楚的开始与结束。动作开始时位置准确，过程中肌肉用力，使动作有加速运动，避免用力过猛致使肌肉僵硬，结束有明显的停顿。动作总体感觉应是有控制而不僵硬、松弛而不松懈的。

三、身体姿态训练

身体姿态是指身体在静态或动态时各部位的姿态，是人的体型与形体的最初表现。优美、正确的身体姿态是健美运动的基础，包括立姿、坐姿和走姿等。

（一）立姿

1. 正确姿势

两脚伸直并立，两脚自然呈"八"字，头、颈、躯干和脚的纵轴在一条垂直线上，直颈、挺胸、收腹、立腰、夹臀，两肩自然下垂，目视前方。

2. 练习方法

（1）靠墙立：与立姿动作要求相同，脚跟、腿、臀、肩胛骨和头紧靠墙。

（2）分腿立：两腿在"八"字立的基础上分开与肩同宽，双手叉腰，双肘微向前扣，上体姿势与立姿要求相同。

（3）单腿立：在正确立姿的基础上，一腿支撑，另一腿屈膝向上抬，绷脚贴于支撑腿上，双手叉腰，上体微微向前侧转。

（二）坐姿

1. 正确姿势

在双腿没有体重负担，身体重心落在臀部上时，挺胸收腹，立腰提气，肋骨向上提，头颈向上伸，微收下颌，两肩放松，四肢摆放要注意规范、端庄。

2. 练习方法

（1）盘地坐（地面）：两腿弯曲，两脚脚心相对盘于腹前，双肘放松，手腕搭于膝上，也可双手背于身后。

（2）正步坐：上体姿势与坐姿要求相同，两脚并拢，脚尖正对前方，两膝稍稍分开，两臂自然弯曲，两手自然放松扶于大腿处，上体保持正直姿势，微向前倾，肩放松下沉，立腰，头、肩、臀部应保持在一条直线上。

（3）侧坐：上体姿势与坐姿要求相同，上体微向侧转，两臂自然放松扶于大腿处。两腿弯曲并拢，双膝稍移向一边，外侧脚稍放于前方。

（三）走姿

1. 正确姿势

除了保证正确、优美、挺拔的站立姿势，还要注意步履轻捷和移动正直、平稳。两腿在一条直线的左右侧交替向前移，膝关节正对前方，不能紧张僵直；两臂自然下垂，前后协调摆动；肩部下沉稍向后展，挺胸抬头，两眼平视前方。

2. 练习方法

（1）站立提踵：用力踮起脚尖，膝关节伸直，尽量提起脚跟至最大限度，然后脚跟下落还原。可连续做，也可提踵后稍停顿再继续。

（2）提踵走：行走姿态与走姿要求相同，但要提脚跟，用前脚掌行走。

（3）弹簧步走：出脚时由脚尖过渡到全脚掌柔和落地，有控制地依次弯曲踝、膝关节，再依次充分伸直膝、踝，重心向上呈提踵立姿势。

四、基本步伐训练

基本步伐是健美操动作中的最小组合单位，是进行健美操练习的一个重要组成部分。练习基本步伐不仅可以培养练习者的节奏感和协调性，还可以塑造下肢的姿态美和弹动性。根据人体运动时对地面的冲击力大小，基本步伐可分为无冲击力步伐、低冲击力步伐和高冲击力步伐三类。

（一）无冲击力步伐

1. 膝弹动

（1）动作描述：两腿并拢，膝关节有弹性地屈伸。

（2）技术要点：膝关节由弯曲到还原，还原时膝关节应处于微屈状态。

（3）常见错误：膝关节弯曲时，幅度过大，膝盖超过脚尖；弹动断断续续，不流畅。

2. 踝弹动

（1）动作描述：两腿伸直或屈膝，踝关节有弹性地屈伸。

（2）技术要点：膝关节屈伸要有较好的弹性，重心移动要平稳自如。

（3）常见错误：弹动时关节僵硬，不流畅。

3. 半蹲

（1）动作描述：两腿分开稍宽于肩（或与肩同宽），脚尖稍向外开，两腿同时屈膝和伸直，见图 11-1。

（2）技术要点：屈膝角度不得超过 90°。屈膝时，膝关节与脚尖朝向同一方向，臀部向后，上体稍向前倾，膝关节不应超过脚尖。

（3）常见错误：重心过前或过后。重心过前，上体向前倾过多；重心过后，臀部向下坐的幅度过大。

（4）动作变化：并腿半蹲，迈步半蹲，迈步转体半蹲。

4. 弓步

（1）动作描述：两腿前后分开，两脚平行站立；蹲下，起来，见图 11-2。

（2）技术要点：身体重心在两腿之间，后腿膝、踝关节在一条直线上；前腿膝关节弯曲时，大腿保持水平状态，膝关节不能超过脚尖。

（3）常见错误：前屈腿的大腿与身体夹角过大，导致大腿与地面不平行。

（4）动作变化：原地前后弓步，左右弓步，向前一步交换腿弓步，后撤一步交换腿弓步。

图 11-1　半蹲

图 11-2　弓步

5. 移动重心

（1）动作描述：两腿开立为初始动作，两腿屈膝下蹲之后，身体向右侧移动重心，然后两腿伸直，右脚全脚掌着地，右脚脚尖点地。

（2）技术要点：身体重心的移动要保持平稳。

（3）动作变化：左右移重心、前后移重心。

（二）低冲击力步伐

1. 踏步

（1）动作描述：脚尖朝前，两腿依次抬起，依次落地，见图 11-3。
（2）技术要点：抬脚时，腿屈于体前；脚落下时，膝、踝关节有弹性地缓冲。
（3）常见错误：上体无控制，身体前后、左右晃动，下肢缺乏弹性。
（4）动作变化：踏步转体，踏步分腿与并腿。

2. 走步

（1）动作描述：迈步向前走时，脚跟先落地，过渡到全脚掌；向后走时则相反。
（2）技术要点：落地时，踝、膝关节有弹性地缓冲。
（3）常见错误：落地时，全脚掌着地，无过渡。
（4）动作变化：向前和向后走步、向侧前和向侧后走步、向左右转体或按弧形走步。

3. 一字步

（1）动作描述：向前一步，后脚并前脚，再向后一步，前脚并后脚，见图 11-4。
（2）技术要点：向前、向后走步要有并腿过程，两膝盖始终保持弹性缓冲。
（3）常见错误：身体重心上下起伏幅度太大，身体控制不好；全脚掌走步，无脚跟到全脚掌或脚尖到全脚掌的过渡。
（4）动作变化：向前、向后一字步，转体一字步。

图 11-3　踏步

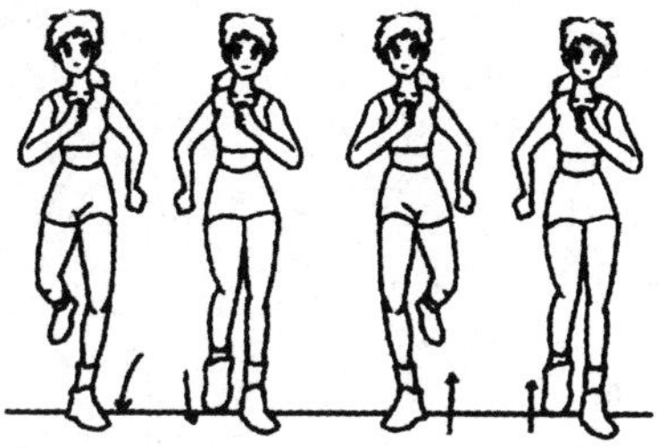

图 11-4　一字步

4. “V”字步

（1）动作描述：一脚向斜前方迈一步，另一脚随之向另一方向迈一步，两脚开立，再依次退回原位，见图 11-5。
（2）技术要点：两脚之间的距离略比肩宽，身体重心在两腿之间。
（3）常见错误：两脚迈出呈开立状时，两膝弯曲幅度过大，臀部重心太低。
（4）动作变化：正的和倒的“V”字步（前、后），转体“V”字步。

5. 漫步

（1）动作描述：一脚向前迈出，重心随之向前移；另一脚稍抬起，然后落下，重心向后移，前脚随之后撤落地，重心移到后脚上，见图 11-6。

（2）技术要点：身体重心随动作前后灵活移动，动作有弹性。
（3）常见错误：下肢动作弹性不好，两脚交替过渡不连贯。
（4）动作变化：转体漫步。

图 11-5 “V”字步

图 11-6 漫步

6. 点地

（1）动作描述：一腿伸出，脚尖或脚跟点地；另一腿稍屈膝站立，见图 11-7。
（2）技术要点：两腿有弹性地屈伸；点地时，身体重心始终在主力腿上。
（3）常见错误：身体重心偏离主力腿。
（4）动作变化：脚尖点地，脚跟点地，迈步点地，向前、后点地，向侧方点地。

图 11-7 点地

7. 并步

（1）动作描述：一脚迈出移动重心，另一脚随之在主力腿内侧并腿点地，见图 11-8。
（2）技术要点：两膝自然屈伸，并有一定的弹性，身体重心随之移动。
（3）常见错误：迈步时全脚掌着地，无脚尖到全脚掌的过渡；并腿点地时无缓冲。
（4）动作变化：左右并步，前后并步，转体并步。

图 11-8 并步

8. 后屈腿

（1）动作描述：一腿站立，另一腿向后屈，然后还原，见图 11-9。
（2）技术要点：主力腿保持有弹性地屈伸，后屈腿的脚后跟朝向臀部。
（3）常见错误：后屈腿动作幅度太小；髋关节过屈，没有充分展开。
（4）动作变化：原地后屈腿，迈步后屈腿，移动后屈腿，转体后屈腿。

9. 交叉步

（1）动作描述：一脚向一侧迈出一步，脚跟先落地；另一脚在其后交叉，保持膝踝的弹动，随之再向侧方迈出一步，另一脚跟并拢，见图 11-10。

图 11-9　后屈腿

图 11-10　交叉步

（2）技术要点：脚落地时屈膝缓冲，身体重心随着脚的迈出而移动。
（3）常见错误：迈步交替时，膝盖伸得过直，没有弹性缓冲；重心上下起伏过大。
（4）动作变化：前交叉步，转体交叉步，加小跳交叉步。

10. 吸腿

（1）动作描述：一腿屈膝向上抬，另一腿微屈缓冲，见图 11-11。
（2）技术要点：大腿向上提，小腿自然下垂，后背挺直，保持主力腿屈膝缓冲。
（3）常见错误：大腿与躯干的角度大于 90°，摆动腿的小腿未与地面垂直，勾着脚尖。
（4）动作变化：原地吸腿，迈步吸腿，转体吸腿，跳步吸腿，向前吸腿。

11. 摆腿

（1）动作描述：一腿站立，另一腿自然抬起，然后还原成并腿，见图 11-12。
（2）技术要点：保持主力腿屈膝缓冲；抬起腿不需抬得很高；保持上体直立姿势。
（3）常见错误：上体没有直立，身体重心前后、左右摆动；摆动腿膝盖弯曲；勾着脚尖。
（4）动作变化：向前侧摆腿，摆腿跳。

12. 踢腿

（1）动作描述：一腿站立，另一腿加速向上摆，见图 11-13。
（2）技术要点：主力腿轻微屈膝缓冲，脚后跟不要离地；踢腿的高度因人而异，避免造成大腿后部损伤；尽量保持直立姿势。

图 11-11　吸腿

图 11-12　摆腿

（3）常见错误：身体姿态变形，向前倾、含胸等；支撑腿膝关节弯曲过多，臀部重心下降；勾着脚尖。

（4）动作变化：原地踢腿，移动踢腿，跳起踢腿，向前方踢腿，向侧方踢腿。

（三）高冲击力步伐

1. 跑

（1）动作描述：两腿依次腾空后，一腿落地缓冲，另一腿后屈或抬膝，两臂前后自然摆动，见图 11-14。

（2）技术要点：落地屈膝缓冲，脚后跟要先落地。

（3）常见错误：脚尖先落地，勾脚尖；后屈幅度过小，跑动无力。

（4）动作变化：原地跑，向前、后跑，弧线跑，转体跑。

图 11-13　踢腿

图 11-14　跑

2. 并腿跳

（1）动作描述：双腿有弹性地跳起。

（2）技术要点：落地屈膝缓冲，脚后跟要落地。

（3）常见错误：膝盖弯曲缓冲幅度过大，膝关节超过脚尖。

（4）动作变化：原地并腿跳，前后并腿跳，左右并腿跳。

3. 开合跳

（1）动作描述：并腿跳后左右分腿落地，再分腿跳起后并腿落地。

（2）技术要点：分腿时，两脚自然外开，膝关节沿脚尖方向屈伸；落地时，屈膝缓冲，脚后跟要先落地。

（3）常见错误：两脚间距离小于肩宽，膝关节内扣或外展幅度过大，两脚落地不同时。

（4）动作变化：原地开合跳，转体开合跳。

4. 并步跳

（1）动作描述：一脚迈出，随之蹬地跳起，后腿与前腿并在一起。

（2）技术要点：脚迈出后，身体重心随之移动，空中有并腿过程，落地时屈膝缓冲。

（3）常见错误：迈步并腿时，膝关节没有屈伸，过分僵直。

（4）动作变化：向前后的并步跳，向侧方的并步跳。

5. 弹踢腿跳

（1）动作描述：一腿跳起，另一腿屈膝伸直。

（2）技术要点：弹踢腿不用弹得很高。

（3）常见错误：上体向前倾，髋关节过屈，展开不充分；摆动腿前踢时勾脚尖。

（4）动作变化：原地弹踢腿跳，移动弹踢腿跳，转体弹踢腿跳，向前后的弹踢腿跳，向侧方的弹踢腿跳。

6. 弓步跳

（1）动作描述：并腿向上跳起，以前后分腿姿势落地，再向上跳起，并腿落地。

（2）技术要点：落地时，膝关节有弹性地缓冲；分腿落地时，双脚尖都朝前方，并且基本在一条直线上。

（3）常见错误：后腿膝关节弯曲，落地时前后脚不在一条直线上。

（4）动作变化：左右弓步跳，前后弓步跳，侧方弓步跳。

7. 摆腿跳

（1）动作描述：一腿自然摆动，另一腿向上跳起，落地时两腿屈膝缓冲。

（2）技术要点：保持上体直立姿势；主力腿屈膝缓冲，摆动腿抬起时幅度不要过大。

（3）常见错误：身体重心前后、左右摆动；摆动腿膝盖弯曲；勾着脚尖；落地时，主力腿僵直无缓冲。

（4）动作变化：向前摆腿跳，向侧方摆腿跳。

8. 吸腿跳

（1）动作描述：一腿屈膝抬起，落下还原，另一腿离开地面，向上跳起。

（2）技术要点：支撑腿屈膝弹动，大腿上抬至水平位置，上体保持正直姿态，注意身体的稳定性。

（3）常见错误：大腿与躯干间的角度大于90°；摆动腿的小腿未与地面垂直；勾着脚尖；支撑腿或吸腿交替时僵直无缓冲。

（4）动作变化：向前吸腿跳，侧向吸腿跳，向斜前方吸腿跳，转体吸腿跳。

9. 小马跳

（1）动作描述：以右脚起步为例。左脚蹬地跳起，同时右脚向侧方迈步落地，左脚并右脚点地，随后反方向再做一次，动作相同，方向相反。

（2）技术要点：两脚轻松蹬地，身体重心随之平稳移动，注意膝、踝的弹动。

（3）常见错误：左右脚交替衔接不流畅；支撑脚膝、踝关节缺少弹动。

（4）动作变化：原地小马跳，向前、侧、后小马跳，转体小马跳。

五、手臂动作训练

手臂动作是健美操运动中的重要组成部分，与健美操基本步伐共同构成了丰富多彩的健美操内容。手臂动作训练的多样化，既能表现出健美操特有的活力美，又有助于加强动作力量美的塑造。

1. 常用手型

（1）掌型：五指伸直并拢，包括并掌、立掌、开掌、花掌。

（2）拳型：握拳拇指在外，包括实心拳、空心拳。

（3）指型：包括一指、二指、三指、响指。

2. 上肢动作

（1）摆动：以肩关节为轴，手臂在±180°范围内运动，如同时摆动、前后摆动。

（2）举：以肩关节为轴，臂伸直向某方向抬起，如上举、前举、侧下举、侧上举、侧举。

（3）屈伸：上臂固定，以肘关节为轴，做肘关节由弯曲到伸直，或由伸直到弯曲的动作，如胸前上屈、胸前平屈、肩侧上屈、肩侧屈。

（4）绕、绕环：两臂或单臂以肩为轴做弧线运动。角度在 180° 至 360° 之间的运动为绕；角度大于 360° 的圆周运动为绕环。例如，两臂或单臂向内、外、前、后绕或绕环。

（5）振：以肩为轴，臂用力摆至最大幅度，包括上举后振、下举后振、侧举后振。

（6）上提：直臂或屈臂由下至上抬起。

（7）下拉：臂由上举或侧上举拉至身体两侧。

（8）胸前推：立掌，臂由肩部向前推。

（9）肩上推：立掌，臂由肩部向上推。

（10）冲拳：屈臂握拳，由腰间猛力向前冲拳。

专题二　竞技健美操欣赏

竞技健美操欣赏主要体现在难度和创新上。比赛中，以运动员所完成动作的难度、新颖性、稳定度、优美性等因素判定其技能水平的高低。

一、欣赏艺术表现

健美操成套动作的艺术性，主要通过设计、表现、音乐、配合以及创造性等方面表现出来。运动员所设计的动作是活力、动感、趣味和快乐风格的外在表现，必须与音乐的风格相一致。

艺术性欣赏=音乐的适宜性+动作的强度+动作的创造性+基本步伐+特殊内容+过渡与连接+空间+表演。

二、欣赏动作姿态

欣赏健美操运动员的动作姿态，要求运动员躯干挺直，呈一条直线，臂腿动作有力；外形清晰，能有效利用空间，包括空中动作姿态要完美展现。

三、欣赏动作难度

在所有单人、混双、三人和六人的健美操成套动作中，必须包括四组难度动作展示。

四、欣赏美的服装

健美操对比赛着装有特殊的要求，总体上，外表应是整洁与适宜的，服装的材质不能是透明的。女运动员一般身着一件套紧身衣和肉色连裤袜及运动袜，男运动员一般身着一件套连衣裤或背心、短裤。

五、欣赏美的音乐

音乐是健美操密不可分的组成部分。不同的音乐构成不同的表现风格，可以使用一首或多首乐曲混合而成的音乐，也可以在原始音乐中加入特殊效果，但音乐必须由运动员通过动作、身体表现、感染力和活力表现出来，并且必须适合竞技健美操的运动结构、节奏和风格，按照音乐的结构、节奏、风格等来完成。

六、欣赏个人魅力

健美操是一项表演性极强的运动项目，对运动员的形象要求非常高，无论长相、体型，还是服装及服装色彩的搭配，都会直接影响观众和裁判的观感。作为一名优秀的健美操运动员，应做到音乐与表演完美结合，动作协调，轻松自如，具有丰富的艺术表现力，充分表现各种优美的人体造型和肢体语言。

七、欣赏集体项目

集体项目具有人数多、空间占用广、队形变化大等特点，可以欣赏运动员在不同空间层次上的各种造型和姿态，或统一一致，或分组组合，布局参差错落。

八、欣赏成套动作

成套动作应注重整体配合的一致性，包括动作的准确协调、动作与音乐伴奏的契合以及所体现出来的动感和力度。

（一）主题内容

一般每套动作会通过几个 8 拍的动作、造型、配合来表现一个主题。

（二）音乐风格

优美、热烈、鼓舞人心的音乐主题，如果能与动作主题相协调，就会突出成套动作的艺术效果，使动作的表现力大大增强，这显然更有利于吸引观赏者的目光。

（三）动作完成

姿态：躯干挺直、臂腿有力、外形清晰。

准确性：每个动作是否在有控制的情况下准确、清楚地完成。

多样性：过渡动作、移动路线、动作节奏、动作方向、身体接触、空中到地面及相互变换，应体现多姿、多态、多样。

均衡性：难度动作在成套动作中的前后安排应体现均衡性。

（四）艺术表现

运动员应通过身体语言和个人表演技巧吸引观众，并在与观众的交流中具有表现力、感染力和自信心。

（五）其他方面

音乐的质量和适宜性，两人及两人以上比赛项目中，同伴之间的配合，身体接触、托举及队形的变化等都是要观赏的内容。

专题三　体育舞蹈的分类

体育舞蹈也称“国际标准交际舞”，是体育运动项目之一。它是一种男女为伴的步行式双人舞的运动项目。体育舞蹈一般包括两种：一种专指竞技性的国际标准交际舞；另一种泛指用来健身、健美的舞蹈。

竞技性的国际标准交际舞是融舞蹈美、音乐美、服装美、体态风度美于一体的，具有自娱性和表演观赏性的竞技舞蹈。

体育舞蹈按风格和技术结构，可分为现代舞（摩登舞）和拉丁舞两大类，共十个舞种。现代舞包括华尔兹、维也纳华尔兹、探戈、狐步和快步五个舞种，拉丁舞包括伦巴、恰恰、桑巴、斗牛舞和牛仔舞五个舞种。每个舞种均有各自的舞曲、舞步、风格动作要求和成套动作。

（一）现代舞

1. 华尔兹

华尔兹在现代舞项目中用 W 来表示，也称“慢三步”。舞曲旋律优美抒情，舞步起伏连绵，舞姿华丽典雅。每小节三拍为一组舞步，每拍一步，第一拍为重拍，三步为一次起伏。

2. 维也纳华尔兹

维也纳华尔兹在现代舞项目中用 V 来表示，也称“快三步”或“圆舞”。舞曲旋律流畅华丽，节奏轻松明快；舞步平稳轻快，翩跹回旋；舞姿高雅庄重。每小节三拍，两小节为一循环，每小节为一次起伏。

3. 探戈

探戈在现代舞项目中用 T 来表示。舞曲节奏带有停顿并强调切分音；舞步顿挫有力、潇洒豪放；舞步有快步和慢步。节奏为 2/4 拍，每小节两拍，第一拍为重拍。基本节奏是慢、慢、快、快、慢。身体无起伏、无升降、无摆荡；表情严肃，有左顾右盼的头部闪动动作。

4. 狐步

狐步在现代舞项目中用 F 来表示，也称“福克斯”。舞曲旋律抒情；舞步流畅平滑、步幅宽大；舞姿优雅、从容、飘逸，似行云流水。节奏为 4/4 拍，每小节四拍为一循环，第一拍为重拍，第三拍为次重拍。基本节奏是慢、快、快。

5. 快步

快步在现代舞项目中用 Q 来表示。舞曲明亮欢快；舞步轻快灵活，跳跃感强。快步是体育舞蹈中一种轻快欢乐的舞蹈。节奏为 4/4 拍，每小节四拍，第一拍为正指，快拍为次重拍。基本节奏是慢、慢、快、快。舞步组合有跳步、荡腿、滑步等动作。

（二）拉丁舞

1. 伦巴

伦巴在拉丁舞项目中用 R 来表示。伦巴具有舒展优美、婀娜多姿、柔媚抒情的风格。舞曲旋律特点是强拍落在每小节的第四拍上；舞步从第四拍起跳，由一个慢步和两个快步组成。节奏为 4/4 拍，每小节四拍。四拍走三步，胯部摆动三次。

2. 恰恰

恰恰在拉丁舞项目中用 C 来表示。舞曲热情奔放；舞步花哨利落、步频较快、诙谐风趣。

节奏为4/4拍，每小节四拍，强拍落在第一拍上。四拍走五步，胯部每小节向两侧摆动六次。

3. 桑巴

桑巴在拉丁舞项目中用S来表示。桑巴的特点是流动性大，动律感强，步法摇曳紧凑，风格热烈奔放。舞曲欢快热烈，节奏为2/4拍或4/4拍，强拍落在每小节的第二拍或第四拍上，每小节完成一个基本舞步。舞步在全脚掌踏地和半脚掌垫步之间交替完成，通过膝盖上下屈伸弹动，使全身前后摇摆，并沿着舞程线绕场行进，属“游走型”舞蹈。

4. 斗牛舞

斗牛舞在拉丁舞项目中用P来表示。舞曲旋律高昂雄壮、鲜明有力；舞步流动性大，沿着舞程线绕场行进；舞姿挺拔，无胯部动作及过分的膝盖上屈伸。整体感觉为动静分明，力度感强，发力迅速，收步敏捷顿挫。节奏为2/4拍，一拍一步，八拍一循环，用踝关节和脚掌平踏地面完成舞步。

5. 牛仔舞

牛仔舞在拉丁舞项目中用J来表示，也称“捷舞”。舞曲旋律欢快；舞步敏捷、跳跃强烈；舞姿轻松、热情、欢快。节奏为4/4拍，六拍跳八步。基本舞步由踏步、并合步结合跳跃、旋转等动作组合而成。要求脚掌踏地，腰和胯部做钟摆式摆动。

专题四　体育舞蹈队列队形练习

队列队形练习是学校体育教学的组成部分，也是大型体操表演的重要内容。在体育教学中运用队列队形练习，能合理地组织学生活动，有效地集中学生的注意力，有助于完成教学任务，提高教学质量。

队列练习是指全体学生按照一定的队形，做协同一致的动作。队列动作是队形的基础，是体操的教学重点。在进行队列动作教学时，应把原地常规的队列动作、行进间各种步法，以及原地和行进间的转法列为教学重点。

（一）口令的分类及下达的教学方法

口令是进行队列队形练习时，指挥人员下达的口头命令。根据下达方法的不同，一般分为短促、断续、连续和复合四种口令。

1. 口令的种类

（1）短促口令：动令运用短促口令。短促口令发音短促有力，不论几个字，中间不拖音、不停顿，通常按音节（字数）平均分配时间，有时最后一个字稍长，如“立正”“稍息”“报数”等。

（2）断续口令：预令和动令之间有停顿（稍歇），如“第三名，出列”等。

（3）连续口令：预令的拖音与动令相连。预令的拖音稍长，动令短促有力。有时预令与动令之间有稍歇，如“立——定”“向后——转”等。

（4）复合口令：兼有断续和连续口令的特点，如“以某某同学为基准，向中看——齐”“左（右）后转弯，齐步——走”等。

2. 下达口令的基本要领

（1）发音部位要正确：下达口令用胸音或腹音。胸音（即膈膜音）多用于下达短口令，腹音（即由小腹向上提气的丹田音）多用于下达带拖音的口令。

（2）掌握好音节：下达口令要有节拍，预令、动令和稍歇有明显的节奏，使队列人员能够听得清晰。

（3）音色、音量不要平均分配：下达口令一般起音要低，由低向高拔音，如“向右看——齐”，“齐”字发音要高。

（4）突出主音：下达口令时，把重点字的音量加大，如“向左——转”要突出“左”字，“向前三步——走”要突出数字“三”。

（二）正确运用队列的教学方法

练习队列（包括队形），通常先提出练习的名称、口令及其下达的方法，接着指挥学生操练。在这一过程中应注意以下几点。

（1）示范动作要清楚、准确。

（2）讲解要简明扼要，突出重点。

（3）合理选择和利用场地。

（三）队列练习的分类

队列练习有原地动作和行进间动作两种。

1. 原地动作

原地动作可分为队列定位动作、队列定位转法和队列定位变化三种形式。

（1）队列定位动作：立正、稍息、看齐、报数、踏步、立定、集合、解散等。

（2）队列定位转法：向左（右）转、向后转等。

（3）队列定位变化：一列横队变二列横队及还原，一列横队变三列横队及还原，一路纵队变二路纵队及还原，一列横队变二路纵队及还原等。

2. 行进间动作

行进间动作可分为以下三类：

（1）便步走、齐步走、正步走、跑步走等各种走步及其互换，以及立定，向前、后、左、右移动。

（2）行进间向右（左）转走、向后转走。

（3）行进间队列变化、左（右）后转弯走等纵队与横队转弯走。

（四）队列练习及其变换方法

1．原地动作

（1）队列定位动作（常用队列动作）。

① 立正。

口令：立正！

动作要领：两脚跟靠拢并齐，两脚尖向外开约 60°，两腿挺直。小腹微收，自然挺胸，上体呈正直姿态微向前倾，两肩要稍向后张，两臂自然下垂，手指并拢自然微屈，中指贴于裤缝。头正，颈直，口闭，下颌微收，两眼平视前方。

② 稍息。

口令：稍息！

动作要领：左脚顺脚尖方向伸出约全脚的三分之二，两腿自然伸直，上体保持立正姿势，身体重心大部分落于右脚上。稍息过久，可自行换脚，动作同前。

③ 看齐。

向右（左）看齐，口令：向右（左）看——齐！

动作要领：基准学生不动，其他学生向右（左）转头，眼睛看右（左）侧学生腮部，前四名能通视基准学生，自第五名起，以能通视到本人以右（左）第三人为度。后列人员，先向前对正，后向右（左）看齐。看齐时，要以碎步调整，至对正、看齐后不动。学生左右间隔为 10 厘米，前后距离为 75 厘米。

向中看齐，口令：以×××为基准，向中看——齐！

动作要领：当指挥人员指定“以×××为基准”时，基准学生左手握拳高举，听到“向中看——齐”的口令后，将手放下，其他学生按照向右（左）看齐的要领实施。

向前看。

口令：向前——看！

动作要领：迅速将头转正，恢复到立正姿势。在向右（左）看齐、向中看齐完毕后则发“向前——看”的口令。

④ 报数。

口令：报数！

动作要领：横队从右至左（纵队由前向后）依次以短促洪亮的声音转头（纵队向左转头）报数，最后一名不转头。有数列横队时，后列最后一名报“满伍”或“缺 *n* 名”。指挥员如对报数有特殊要求，应该事先说明，如“1 至 3 报数”“1、3、5 报数”等，学生即按要求及上述要领实施。

⑤ 踏步。

口令：踏步——走！前进！立定！

动作要领：两脚在原地上下起落，抬起时，脚尖自然下垂，离地面约 15 厘米，下落时，前脚掌先落地；上体保持正直姿势，两臂按齐步或跑步摆臂的要领摆动。听到“前进”口令，继续踏两步，再换齐步或跑步行进。听到“立定”口令，左、右脚各踏一步呈立正姿势。原地跑步时，口令是“原地跑步——走！”

⑥ 集合（横队、纵队）。

口令：成 *n* 列横队——集合（成 *n* 路纵队——集合）!

动作要领：集合时，指挥人员应先发出预告或信号，如“全体（或某组）注意”，然后站在预定队形呈立正姿势，下达“成 *n* 列横队——集合”的口令。学生听到预告或信号，原地面向指挥人员呈立正姿势；听到口令，迅速跑向集合地点（凡是在指挥人员后侧的人员，均应从指挥人员右侧绕过）。按横队集合时，第一列排头站在指挥人员的左前方。按纵队集合时，第一路排头站在指挥人员的右前方。其他学生以排头为准，按指示队形迅速依次排列起来，自行对正、看齐。

（2）队列定位转法

① 正方向转法。

口令：向右（左）——转（向后——转）!

动作要领：以右（左）脚跟为轴，右（左）脚跟和左（右）前脚掌同时用力，向右（左）转 90°，身体重心落在右（左）脚上，左（右）脚靠拢右（左）脚，呈立正姿势。转动和靠脚时，两腿挺直，上体保持立正姿势。向后转时，按向右转的要领向后转体 180°。

② 斜方向转法。

口令：半面向右（左）——转!

动作要领：按向右（左）转的要领向右（左）转体 45°。

（3）队列定位变化

① 一列横队变二列横队及还原。

口令：成二列横队——走（成一列横队——走）!

动作要领：变换前，先报数。听到口令，报双数者右脚后退一步，右脚向右跨一步，左脚向右脚靠拢，并站到报单数者之后，自行看齐。还原时，报双数者（后列）左脚向左跨一步，右脚向前上一步，左脚向右脚靠拢，回至原位，自行看齐。

二列横队变四列横队及还原时，做法与一列横队变二列横队相同。做前应调整前后距离。

② 一列横队变三列横队及还原。

口令：成三列横队——走（成一列横队——走）!

动作要领：按 1 至 3 报数，报 2 者不动，报 1 者左脚向左前上一步至报 2 者前面，报 3 者右脚向右后退一步至报 2 者后面，自动看齐。还原时，报 1、3 者动作方向与上述相反，回到原位自动看齐。

③ 二列横队变三列横队及还原。

口令：成三列横队——走（成二列横队——走）!

动作要领：按 1 至 3 报数，报 1、3 者不动，前列报 2 者右脚向右后退一步至报 1 者之间，后列报 2 者左脚向左上一步至报 3 者之间，自动对正、看齐。还原时，报 2 者动作方向与上述相反，回到原位自动看齐。

④ 一路纵队变二路纵队及还原。

口令：成二路纵队——走（成一路纵队——走）!

动作要领：变换前先报数。听到口令，报双数者右脚向右跨一步，左脚向前上一步，右脚向左脚靠拢，到报单数者右侧，自行对正看齐。还原时，报双数者（右路）右脚向后退一步，左脚向左跨一步，右脚向左脚靠拢，回至原位，自行对正、看齐。

二路纵队变四路纵队及还原时，做法与一路纵队变二路纵队相同。做前应调整左右间隔。

⑤ 一列横队变二路纵队及还原。

口令：向右成二路纵队——走！还原口令：向左成一列横队——走！

动作要领：全体向右转，随之按一路纵队变二路纵队的要领去做。还原时全体向左转，随之按二列横队变一列横队的要领去做。

二列横队变四路纵队及还原时，做法与一列横队变二路纵队相同。做前应调整前后距离。

2. 行进间动作

（1）各种走步及立定

① 齐步走。

口令：齐步——走！

动作要领：左脚向正前方迈出约 75 厘米着地，身体重心向前移，右脚动作与左脚相同；上体呈正直姿态，微向前倾；手半握（拇指贴于食指第二节）；两臂自然摆动，向前摆时肘部弯曲，小臂自然向里合，手心向内稍向下，拇指根部对正衣扣线，并与第五颗衣扣同高，离身体约 25 厘米。行进速度为每分钟 116～122 步。

② 正步走。

口令：正步——走！

动作要领：左脚向正前方踢出约 75 厘米，腿要绷直，脚尖向下压，脚掌与地面平行，离地面约 25 厘米，落地时全脚掌着地并适当用力；身体重心向前移，上体呈正直姿态，微向前倾；手指半握（拇指贴于食指第二节）；向前摆臂时，肘部弯曲，小臂略平，手心向内稍向下，手腕摆到第三、四衣扣之间，离身体约 10 厘米；向后摆臂时，摆到不能自然摆动为止。右脚动作与左脚相同。行进速度为每分钟 110～116 步。

③ 便步走。

口令：便步——走！

动作要领：用适当的步速、步幅行进，两臂自然摆动，上体保持正常姿态。

④ 跑步走。

口令：跑步——走！

动作要领：听到预令，两手迅速握拳提到腰际，约与腰带同高，拳心向内，肘部稍向里合。听到动令，上体微向前倾，两腿微弯，同时左脚利用右脚掌的弹力跃出约 80 厘米，前脚掌先着地，重心向前移，两臂自然摆动。向前摆时，不露肘，小臂略平，稍向里合，两拳不得超过衣扣线；向后摆时，不露手。右脚动作与左脚相同。行进速度为每分钟 170～180 步。

⑤ 立定。

口令：立——定！（动令落在右脚上。）

动作要领：齐步时，听到动令，左脚再向前移大半步着地，两腿挺直，右脚迅速靠拢左脚，呈立正姿势。跑步时，听到动令，再跑两步，然后左脚向前移大半步（两臂不摆动）着地，右脚靠拢左脚，同时将手放下，呈立正姿势。

（2）各种步法移动

步法变换均从左脚开始。齐步换跑步，听到预令，两手迅速握拳提到腰际，两臂前后自然摆动；听到动令，即换跑步行进；跑步换齐步，听到动令，继续跑两步，换齐步行进。齐步、正步互换，听到口令，即换正步或齐步行进。

① 向前、后移动。

口令：向前 n（单数）步——走！和后退 n 步——走！

动作要领：向前走时，按照齐步走的要领，向前一步走，不摆臂行进到指定步数停止。向后退时，从左脚开始，每退一步并脚一次，不摆臂退到指定步数停止。

② 向左、右移动。

口令：左（右）跨 n 步——走！

动作要领：上体保持正直姿态，每跨一步并脚一次，其步幅约与肩同宽，跨到指定步数停止。

（3）行进间转法

① 向右（左）转走。

口令：向右（左）转——走！（动令落在右（左）脚上。）

动作要领：左（右）脚向前上半步，脚尖向右（左）转约 45°，身体向右（左）转 90°时，左（右）脚不转动，同时出右（左）脚按原步法向新方向行进。

② 向后转走。

口令：向后转——走！

动作要领：左脚向前上半步，脚尖稍向右，以两脚的前脚掌为轴，自右向后转体 180°。出左脚向新方向行进。转体时，两臂自然摆动，不外张，两腿自然挺直，上体保持正直姿态。

跑步向后转走时，听到动令后，要继续跑两步，然后按上述要领做。

3. 行进间队列变化

（1）横队变化

① 行进间一列横队变二列横队。

口令：成二列横队——走！（动令落在左脚上。）

动作要领：报单数者继续前进，报双数者右脚向前迈一步，原地踏一步，第三步右脚向右跨一步至报单数者后面，随之继续前进。

② 行进间二列横队变一列横队。

口令：成一列横队——走！（动令落在左脚上。）

动作要领：听到动令后，全体右脚向前迈一步，然后报单数者（前列）原地踏两步，报双数者（后列）向左前上两步至报单数者的左侧，成一列横队前进。

（2）纵队变化

① 行进间一路纵队变二路纵队。

口令：成二路纵队——走！（动令落在右脚上。）

动作要领：报单数者以小步前进，报双数者出右脚到报单数者右侧，调整好间隔距离，恢复原来的步幅继续前进。

② 行进间二路纵队变一路纵队。

口令：成一路纵队——走！（动令落在左脚上。）

动作要领：排头继续前进，其余则以小步行进。待左路加大到适当的距离后，右路依次向左插到左路报单数者的后面，并保持适当距离，恢复原步幅前进。

（3）纵队与横队转弯走

① 纵队左（右）转弯走。

口令：左（右）转弯——走！

动作要领：听到动令后，排头立即向左（右）转走，其余逐次行进至排头变向的位置时，亦向左（右）转行进。多路纵队转弯走时，基准学生小步行进，外翼学生则大步行进，并保持排面整齐，边行进边变换方向，转至90°继续前进。

② 纵队左（右）后转弯走。

口令：左（右）后转弯——走！

动作要领：听到口令后，排头向左（右）后转体180°后继续行进。其余依次行进到排头变向的位置，做法与排头相同，并随之继续行进。

③ 横队左（右）转弯走。

口令：静止时，口令为左（右）转弯齐步——走！行进间时，左（右）转走的口令为左（右）转弯——走！

动作要领：轴翼第一名踏步，并逐渐向左（右）旋转，与相邻者动作协调，外翼第一名大步行进，注意掌握方向；其他人用眼睛的余光向外翼取齐，并保持排面整齐，越接近轴翼者，其步幅越小，待转到90°时踏步。

单元十二　余暇体育

学习目标：

1. 了解轮滑的起源，熟悉轮滑的种类及轮滑运动的特点与健身意义。
2. 了解飞镖运动的特点。
3. 了解练习瑜伽使用的道具。
4. 了解开展定向越野运动的益处。
5. 掌握攀岩运动的竞赛规则。

素质目标：

在余暇类体育运动中体验到满足、自信、自尊与乐趣；能够相互尊重、有效互动、相互包容与合作，展示公平竞争的道德规范；理解并学会管理身材；不管遇到什么困难和挑战，都能保持良好的情绪并持续运动；保持开放的心态，愿意向其他人学习，乐于分享自己的经验。

专题一　轮滑

一、轮滑的起源

轮滑运动是从滑冰运动发展而来的，又称“滚轴溜冰”“滑旱冰”，是 19 世纪初兴起的一项运动。

二、轮滑的种类

轮滑是一项休闲运动，同时也是竞技类项目。现代轮滑运动分为速度轮滑、花样轮滑、自由式轮滑、轮滑球和极限轮滑五类。

（一）速度轮滑

速度轮滑是指追求速度，以单排、双排轮滑鞋为比赛工具的竞赛项目，分场地跑道比赛和公路比赛两种。比赛有多种形式，有逆时针跑圈赛、淘汰赛、规定线路比赛、定时赛、记分赛、接力赛、分段赛和追逐赛等。

（二）花样轮滑

花样轮滑是观赏性轮滑项目，分为规定图形滑、自由滑、双人滑和双人舞四种。比赛在不小于长 50m、宽 25m 的场地上进行。参赛各队每项比赛可以有 3 人参加，男女共计 12 人。根据动作的难易程度、舞姿的优美程度打分确定优胜方。

（三）自由式轮滑

自由式轮滑是一种由多种轮滑形式混合而衍生出的特殊的轮滑形式，集合了速降、休闲、刷街、花式刹车、花式跳跃和旋转等元素，大致分为野街轮滑和场地自由式轮滑两种。野街轮滑就是在刷街的过程中，融入速降、花式跳跃等其他轮滑形式。场地自由式轮滑是在一定的场地内融入花式刹停、花式旋转等轮滑形式。自由式轮滑中最有代表性的就是过桩的平地花式，不同于花样轮滑（一般指双排轮滑），平地花式讲究过桩的足部花式技巧，同时也要有全身性的节奏感，具有非常强的观赏性。

（四）轮滑球

轮滑球打法与冰球相似，比赛队员穿着双排轮或单排轮进行比赛。比赛双方各上 4 名队员和 1 名守门员，守门员手执长 0.91～1.14m 的木质球杆，双方在一块长 22m、宽 12.35m 的硬质地面球场上进行比赛。通过个人技巧和团队协作将球攻入对方球门得 1 分，每场比赛分两局进行，每局 20 分钟，得分多者为优胜方。

（五）极限轮滑

极限轮滑也叫特技直排轮滑，极限轮滑很受年轻人的追捧，主要分为街式和专业场地式。街式就是利用公共场所的栏杆、墙体等设施来做动作；专业场地式又分道具式和半管（“U”形池）式，两者都是在特定的滑行场地上进行的轮滑运动。进行极限轮滑运动时必须佩戴相应护具，注意安全。

三、轮滑运动的特点与健身意义

（一）轮滑运动的特点

1. 环保性

轮滑运动本身不会产生任何污染，并且响应健康、环保的理念，是一项时尚健康的运动。

2. 娱乐性

轮滑既可以单人单独进行，也可以采取群体合作、游戏或者比赛等形式，既轻松又有技巧性。它可以帮助人们从紧张、繁重的学习和工作中解脱出来，达到放松身心的目的。

3. 经济性

好的轮滑鞋和护具的使用寿命很长，不需要经常更换。而且轮滑运动一般不需要特定的场所，不必花费入场费等。

4. 观赏性

花样轮滑与花样滑冰的观赏性相似。自由式轮滑也是极具观赏性的一种项目，运动员灵活地运用各种步法通过放置在地上的各种障碍物，动作敏捷、灵巧，往往让观众惊叹不已。速度轮滑更注重的是速度，虽观赏性相对较差，但由于运动具有高速度和竞争性，所以看起来仍是非常精彩的。

（二）轮滑运动的健身意义

轮滑运动同样具有极强的健身价值。轮滑运动可有效地改善运动者的机体中枢神经系统功能，提高呼吸系统、消化系统、血液循环系统等内脏器官的功能，能够全面协调和综合发展人体的速度、力量、耐力、灵敏度等各方面素质，特别是对青少年的身心发展具有积极作用。

专题二　飞镖

（一）飞镖运动的产生

20 世纪初，飞镖运动在英国得到迅速普及，成为一项非常受欢迎的休闲娱乐运动。1902 年，英国选手约翰·雷德第一次创造出了单轮 180 分的纪录。此后，飞镖运动在英国吸引了众多的参与者，并从英国传到了世界各地，现代飞镖运动开始在世界范围内流行开来。

（二）飞镖运动的特点

飞镖运动具有以下几个特点：

（1）适用人群广。飞镖运动是一项参与性极强的运动，从小孩到老人，都可以参加。

（2）时空受限少。参加飞镖运动，无须专门抽出时间，空闲时想练随时可以开始。飞镖较小巧，安装镖盘也不需要太大空间，室内、室外都可以，若安装在室内还不受天气影响。

（3）花费少，简单易学。相较于其他运动器材，飞镖运动不仅所需要的器材小巧，价格一般人能够承受，而且简单易学，略加指导就可参与进来。

（4）雅俗共赏，健康安全。飞镖运动是一项非常文明的休闲运动，是一种少量多次性运动，其运动强度既可以消耗适当的热量，又不会过于刺激而造成负面效果。硬式飞镖的投掷距离 2.37m 是经过科学测算的，不会因弹镖而给人体带来伤害；软式飞镖就基本不存在危险了。

（5）玩法多样，趣味性强。飞镖运动从诞生之初发展至今，已形成了花样繁多的玩法，无论是初学者还是职业飞镖手，都可以找到适合自己的玩法。

（6）集娱乐、竞技于一体。飞镖运动既是一种很好的娱乐方式，又是一种竞技性很强的运动；既可以在紧张工作生活之余放松身心，又可以作为切磋技艺、一比高下的竞技赛事。

（三）飞镖运动的器材

1. 硬式飞镖

飞镖由镖针、镖身（镖筒）、镖杆和镖羽（尾翼）四个部分组成。其中，镖身是决定飞镖质量、质地、价格和形状的最关键因素。大多数硬式飞镖的镖针和镖身是固定的，不能随便拆卸，而镖身和镖杆、镖杆和镖羽之间可以随意拆卸与更换。

国际比赛中规定，飞镖的总体长度不应超过 30.5cm，硬式飞镖每支的质量不得超过 50g。

2. 硬式镖盘

镖盘又称飞镖盘或镖靶。镖盘的材质和样式多样，盘的大小和分区设置也各不相同。在材质方面，硬式镖盘主要有纸质、植绒和麻质三种。纸质镖盘成本低，但是扎孔难以恢复，不宜作为训练及比赛用靶；植绒镖盘的主要材料也是纸，但其正面经过植绒工艺处理，表面较柔软，不易出现裂纹，扎孔不明显，成本比纸质镖靶高，一般也不作为正式比赛用靶；麻质镖盘用剑麻作为材料，飞镖附着力强，扎孔易自行愈合而不留痕迹，是成本较高的镖盘，也是国际飞镖比赛中最常用的专业级硬式镖盘。

3. 软式飞镖

软式飞镖在形状和款式方面和硬式飞镖基本相同，区别在于镖针的材质和飞镖的质量。硬式飞镖的镖针是钢针，而软式飞镖的镖针则是由塑料制成的，并通过螺纹接口与镖身连接，可以随时拆卸、更换。软式飞镖的质量一般为 14～20g。按照国际飞镖比赛规则，单支软式飞镖的镖针、镖身、镖杆和尾翼加起来的全部质量不得超过 20g，其目的主要是保证飞镖机的正常使用。

4. 软式镖盘

软式镖盘与硬式镖盘的区别很大。软式镖盘为塑料材质，主要靠镖盘表面密布着的蜂窝状的小孔来吸附塑料镖针。软式飞镖的安全性较高，并附有电子记分系统，娱乐性较强，更适合各年龄层的人参与，但是飞镖镖盘容易弹落。

专题三　瑜伽

一、瑜伽运动概述

（一）瑜伽运动的产生

瑜伽起源于六七千年前的古印度文明时期。瑜伽是一种通过提升意识，帮助人们充分发挥潜能的哲学体系及其指导下的运动体系。

（二）瑜伽运动的分类

瑜伽经过漫长的发展已衍生出很多体系，如传统瑜伽、冥想瑜伽、能量瑜伽、智慧瑜伽、高温瑜伽、业瑜伽等。

（三）瑜伽体系介绍

（1）传统瑜伽：目的在于集中注意力，舒缓身心，锻炼身体，增强身体柔韧性。
（2）高温瑜伽：室内温度维持在 32～38℃，练习体位法和呼吸法，通过温度和速度练习达到排毒和消脂作用。

（3）冥想瑜伽：探索“自我、真我、本我”，以静坐、语音引导、冥想为主，谋求精神与身体的调和统一。

（4）能量瑜伽：强调体位法以促进新陈代谢，增强肌肉的结实度和弹性，提高身体素质，尝试挑战自我，塑身健体。

（5）智慧瑜伽：提倡培养知识理念。

（6）业瑜伽：倡导将精力集中于内心的世界，通过内心的精神活动引导更加完善的行为。

（四）瑜伽运动的功能

瑜伽是一种健身塑身运动，长期练习可增强身体柔韧性，使身体线条匀称修长，增强肢体的灵敏度；能保持姿态平衡，促进身体平衡发展；还可刺激内分泌系统，维持内分泌平衡。

二、瑜伽道具

练习瑜伽所需的条件非常简单，但也需要准备一些专属的道具。有了这些道具的帮忙，既能增加练习的趣味性，又能帮助完成较高难度的动作，让动作更加标准，减少在运动中受伤的可能性。

（一）瑜伽服

瑜伽体式中有很多幅度较大的动作，如扭转身体、伸展四肢等，舒适的瑜伽服能让身体不受任何束缚地自由活动。

（二）瑜伽垫

有很多瑜伽体式是从躺姿、跪姿开始的，如果在硬地板上练习，容易造成运动伤害。在地板上铺一款厚薄适中、防滑性能好的瑜伽垫，能防止脊椎、脚踝、膝关节等部位受伤，还能帮助身体更好地完成动作。

（三）瑜伽砖

对于初学者和身体柔韧性较差的人来说，瑜伽砖是一个好帮手。在练习难度较高的动作时，可以在两脚旁边各放置一块瑜伽砖，上半身向后弯曲时，双手直接扶住瑜伽砖，这样能减少身体弯曲的幅度。借助瑜伽砖，将身体的柔韧性逐步提高，渐渐就能将动作完成得更加精准和到位。

（四）瑜伽球

瑜伽球的用法很多，可以向上举增加手臂力量，也可以压在身体下方辅助支撑身体，还可以双腿夹球向上举。瑜伽球柔软有弹性，能在一定程度上避免肌肉拉伤。此外，瑜伽球也能起到降低动作难度的作用。

（五）瑜伽绳

瑜伽绳又叫“瑜伽伸展带”，在练习一些拉伸肢体的动作时会用到，待身体柔韧性增强后，再逐步增加练习难度。

专题四　定向越野运动

一、认知定向越野运动

（一）什么是定向越野运动

定向越野运动就是利用一张详细精确的地图和一个指北针，按顺序造访地图上所标示的各个点标，以最短的时间到达所有点标者为胜。定向越野运动通常在森林、郊外和城市公园里进行，也可在大学校园里进行。

标准的定向路线包括一个起点（用三角形表示）、一个终点（用双圆圈表示）和一系列的点标（用单圆圈表示）。这些点标已在图上用数字标明。在实际地形中，一个橘黄色和白色相间的点标旗标志着运动员应该寻找的点的位置。为了证实已造访了这些点，运动员必须在到达的每个点标处使用打卡器打卡，电子打卡系统能证实已造访，同时记录造访时间。

点标与点标之间的路线并不指定或固定。相反，运动员应自己做出选择。这种路线选择的能力以及借助地图和指北针在森林或公园里辨明方向，并以最快的速度按顺序到达目的地的能力便是定向越野运动的精髓所在。

（二）定向越野运动的益处

（1）定向越野运动可根据不同性别、年龄编组，赛程可远可近，场地可难可易，因此是一项男女、老少皆宜的群众性体育运动项目。

（2）定向越野运动具有浓厚的趣味性、娱乐性。参赛者根据地图标明的运动方向，进行地图与实地的对照，选择运动路线，寻找检查点，比单纯的赛跑更能提高参赛者的兴趣。

（3）这项比赛与其他比赛一样，具有激烈的竞争性。定向越野运动不仅是体力方面的竞争，更是智力和技巧方面的竞争。

二、体能与装备

（一）体能训练

定向越野运动的专项体能特指野外跑的能力。在公路、乡间小道上跑时，采用与中长跑相同的技术，但由于路面比较坚硬，所以着地时要注意做好缓冲动作。

上坡跑时，步幅要小，上体向前倾，用前脚掌在距离身体投影较近的地方着地，适当加大后蹬用力和大腿高抬的程度。下坡跑时，上体直立或稍向后仰，步幅适当放大，步频减慢，全脚掌或脚跟先着地。

在树林或灌木丛中跑时，一方面要防止被树枝擦伤、刺伤；另一方面要防止草丛中的杂物绊脚或陷入坑洼。因此，跑速要慢，用全脚掌着地。遇到沟渠、栅栏等障碍物时，不要降低跑速，应适当增加跑速，大步跨越过去。

1. 专项耐力素质

定向越野运动中需要的专项耐力不同于中长跑运动员在整个跑程中要保持始终如一的高速跑。一般有长、中、短距离的比赛，各种距离的比赛线路检查点的间距也各不相同。在检查点停下打卡后，又得迅速接着跑。可在校园规定路线内跑够500～800米后签名再跑，跑4次为一组，训练强度为80%～90%。

2. 专项速度素质

速度有三种表现形式：绝对速度、基础速度和相对速度。相对速度对定向越野运动员来说很关键，相对速度建立在基础速度和专项耐力的基础上，基础速度又建立在绝对速度和速度耐力的基础上。因此，绝对速度对定向越野运动队员有着重要的作用。

中、短距离的定向越野运动，各检查点之间的距离一般为 300～500 米，所以相对于长跑，定向越野运动对速度素质要求更高。没有一定的速度，在比赛中就不能取得好的成绩。

3. 有氧训练与无氧训练

定向越野运动员与长跑运动员一样需要具有良好的耐乳酸能力。提高有氧训练与无氧训练能力是定向越野运动员的努力方向。定向越野运动项目的有氧训练与无氧训练的比重因各项赛事的不同而不同，野外定向越野运动距离较长，有氧训练的比例就较大，无氧训练则相反。公园定向越野运动一般为中短距离，有氧训练与无氧训练同等重要，忽视无氧训练肯定会影响比赛成绩。

（二）器材装备

1. 定向地图

定向地图是定向越野运动中的重要器材，包括：比例尺，通常为1∶15000或1∶20000；等高距，通常为5米精度；标记，能详细地标示与定向和越野直接相关的地物、地貌。

2. 指北针

目前国际上的定向越野比赛常使用由透明有机玻璃材料制作的指北针。

3. 点标旗

运动员根据定向地图所提供的信息，利用指北针快速定向，在实地中寻找一个橘黄色和白色相间的点标旗，该点标旗的位置准确放置在地图所标示的地点的中心。

4. 打卡器

运动员必须在到达每个检查点时，使用打卡器打卡。

5. 检查卡片

主要用于判定运动员的成绩，用厚纸片制成，分为主卡和副卡两部分。

6. 运动员的服装

服装轻便、舒适，易于活动即可。

7. 号码布

一般不超过 24 厘米×20 厘米，号码数字高不小于 12 厘米。比赛中要求将号码布佩戴于前胸及后背两处。

三、技术与方法

（一）标定地图的方法

1. 概略标定

定向地图上的方位是上北、下南、左西、右东。当在站立地正确地判别了方向之后，只要将定向地图的上方对准站立地的北方，地图即可标定。

2. 利用指北针标定

先使指北针的红色箭头朝向地图上方，并使箭头与定向地图上的指北线重合，然后转动地图，使指北针的北端对准磁北方向，地图即可标定。

3. 利用直长地物标定

先在地图上找到直长地物，对照两侧地形，使地图与现场各地形点的地物方向一致，地图即可标定。

4. 利用明显地形点标定地图

从地图上找到明显地形点的位置时，可以利用明显地形点标定地图。先选择一个地图上与现场都有的远方明显地形点，然后转动地图，使地图上的站立点至目标的连线与现场的站立点至目标的连线相重合，地图即可标定。

（二）确定站立点

1. 直接确定

当自己所在的位置是明显地形点时，只要从地图上找到该地形点，站立点即可确定。

2. 利用位置关系法确定

利用位置关系法确定站立点主要依照两个要素：一是站立点至明显地形点的方向，二是站立点至明显地形点的距离。

3. 利用交会法确定

当站立点附近无明显地形点时，可以利用 90 度法、截线法、后方交会法进行确定。

（1）90 度法。当待测点位于线状地形上时，如果在与运动方向相垂直的方向上能找出一个明显的地形点，线状地形符号与垂直方向线的交点即为站立点。

（2）截线法。当测点位于线状地形上，但其与运动方向相垂直的方向上没有明显的地形点时，可以采用此法。

（3）后方交会法。测点上无线状地形可利用，而且地图与现场相应的都有两个以上的明显地形点，可采用此法。

（三）确定前进方向

定向越野运动员每次出发时，首先必须判明出发点的地图上位置，明确前进方向和目标点，然后标定地图选准前进方向，向目标点进发。

（四）定向越野跑的技术

定向越野跑是一种长距离的间歇式赛跑，要求尽可能地减少人体能量的消耗，又要具有加速的能力。主要采用身体微向前倾或正直的姿势；利用鼻子与半张开的嘴共同呼吸；根据选择的路线状况、比赛的阶段和自身体能状况，确定体力的分配比例；速度一般不宜过快；在野外，由于地形的变化，用同样的步速、节奏奔跑，步长的区别较大。

专题五　攀岩运动

一、攀岩运动的兴起

攀岩运动萌芽于 19 世纪，兴起于 20 世纪 50 年代末至 60 年代初。按历史发展过程分类，攀岩运动到目前已形成三种类型：攀登悬崖峭壁、休闲式攀岩（或称抱石攀登）、人工岩壁攀登。

攀岩运动是一种不用攀登工具，不依赖任何外在的辅助力量，仅靠手脚和身体的平衡能力攀登陡峭岩壁或人造岩墙的竞技性运动项目。攀岩运动要求人们在各种高度及不同角度的岩壁上，连续完成转身、引体向上、腾挪甚至跳跃等惊险动作，集健身、娱乐、竞技于一身，是一项刺激而不失优美的极限运动。

二、攀岩运动的分类

攀岩运动可以从不同角度分类。按组织形式，可以分为竞技攀岩和自由攀岩；按保护方式，可以分为先锋攀岩和顶绳攀岩；按运动场地，可以分为人工场地攀岩和自然场地攀岩。

三、攀岩运动的比赛规则

攀岩主要有两个分支，一个是户外自由攀岩，另一个是室内竞技攀岩。随着攀岩运动的普及和发展，人工岩场的数量逐年增加，攀岩比赛越来越多，攀岩比赛的规则也越来越严格。攀岩比赛规则一般是以国际竞赛攀岩委员会发布的攀岩比赛总则为基准，按照岩场实际情况进行修改制定的。以下仅介绍室内竞技攀岩比赛。

（一）室内竞技攀岩比赛分类

1. 难度攀岩

难度攀岩是以攀岩路线的难度来区分选手成绩的攀岩比赛，以在规定时间里，选手到达的岩壁高度来判定比赛结果，即在规定时间内攀爬高者为优胜方。在比赛中，队员下方系绳保护，带绳向上攀登并按照比赛规定，有次序地挂上中间保护挂索。比赛岩壁高度一般为15m，线路由定线员根据参赛选手水平设定，通常屋檐类型难度较大。

2. 速度攀岩

速度攀岩是按照指定的路线，以时间区分成绩的攀岩比赛，即攀爬登顶时间最短者为优胜方。

3. 抱石比赛

抱石比赛线路短，难度较大，需要较好的爆发力和柔韧性。比赛设置结束点和得分点，抓住得分点并做出一个有效动作得分，双手抱住结束点3秒得分。比赛一般有4～6条线路，每条线路需耗费约5分钟。判定名次，首先看结束点的多少，如果结束点同样多，则看得分点数量；其次看攀爬次数。

（二）岩壁规格

比赛在装有人工支点的岩石场上举行，岩壁高度不低于12m，比赛路线的设计长度不少于15m，路线宽度不小于3m（不包括标志线）。路线上不能留多余的设备（如铁锁、快挂、螺栓等）。

（三）保护

比赛采用保护员站在下方的顶绳保护方式，保护的主绳应通过两个不同的保护点。保护点的位置必须保证不会帮助、妨碍或危及攀登中的运动员。终点保护点的位置应高于路线终点标志。

（四）比赛办法

比赛为封闭式，比赛路线由定线员制定、裁判长审定。参赛人员在赛前不得以任何手段收集、获取与比赛路线相关的资料。所有有资格参加比赛的运动员均需按时进入隔离区，在比赛开始前，允许有资格参加比赛的运动员观察并研究路线，运动员必须在规定的区域内观察路线，不得攀爬岩壁，不得以任何形式与观察区外的任何人联络。

（五）视为未完成的情况

若出现以下情况，将视为未能完成此次路线的攀登：①脱落；②超过规定的攀登时间；③触摸路线标界之外的岩壁表面任何部位；④使用岩壁的边缘和顶缘；⑤起步后身体的任何部位触地；⑥使用任何人工辅助。

反侵权盗版声明

举报电话：（010）88254396；（010）88258888

传　　真：（010）88254397

E-mail：　dbqq@phei.com.cn

通信地址：北京市海淀区万寿路 173 信箱

电子工业出版社总编办公室

邮　　编：100036